NHK プロフェッショナル 仕事の流儀

6

食をささえるプロフェッショナル

編：NHK「プロフェッショナル」制作班

NHK プロフェッショナル 仕事の流儀 6

食をささえるプロフェッショナル

目次

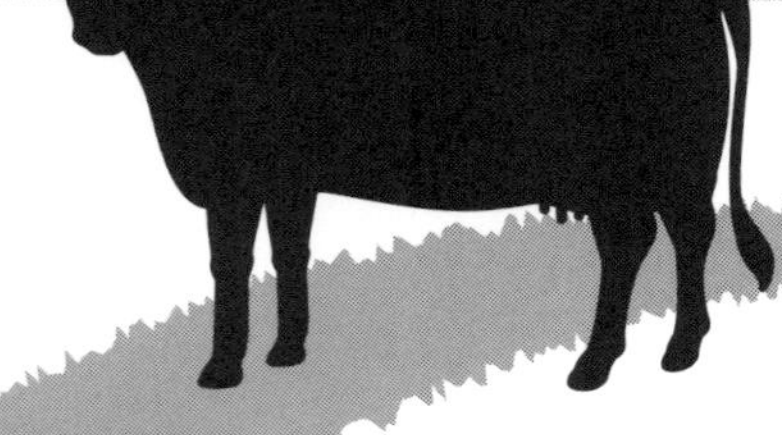

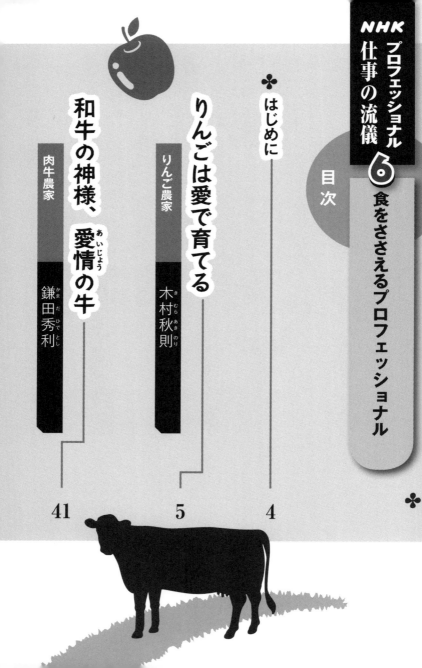

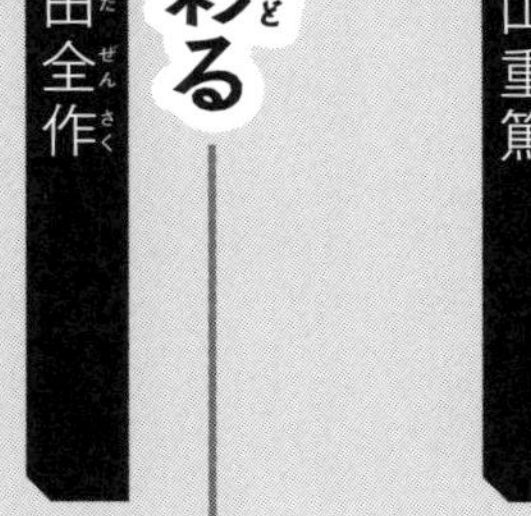

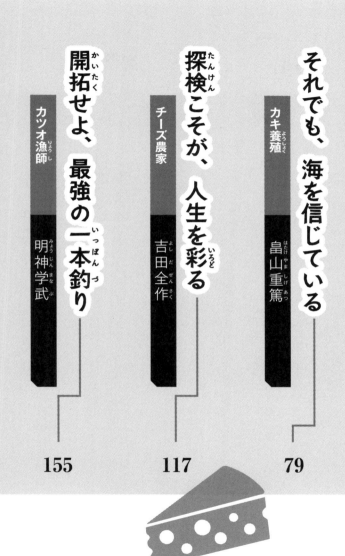

はじめに

このシリーズは、NHKで放送された番組『プロフェッショナル 仕事の流儀《りゅうぎ》』を書籍《しょせき》にまとめなおしたものです。

番組では、さまざまな分野の第一線で活躍《かつやく》しているその道のプロフェッショナルたちの「仕事」をほり下げ、プロフェッショナルたちの仕事にのぞむ姿勢《しせい》や、その生き方をつらぬく「流儀《りゅうぎ》」を紹介《しょうかい》しています。

6巻《かん》「食をささえるプロフェッショナル」では、農業や漁業などの食べ物をつくる現場《げんば》で、人生をかけて仕事を続けている5人のプロフェッショナルたちが登場します。

プロフェッショナルたちの仕事にのぞむ姿勢《しせい》や考え方をとおして、仕事の奥深《おくぶか》さ、働くということの魅力《みりょく》、プロフェッショナルたちの生き方の流儀《りゅうぎ》を伝えられればと思います。

ストーリーの最後には、プロフェッショナルたちの格言《かくげん》をのせています。プロフェッショナルたちのことばが、これからを生きるみなさんの道しるべになることを願います。

「食をささえるプロフェッショナル」編集部《へんしゅうぶ》

りんごは愛で育てる

りんご農家

木《き》村《むら》秋《あき》則《のり》

農薬をつかわなければむずかしいとされる、りんご栽培《さいばい》。
ところが、農薬どころか肥料《ひりょう》もあたえず
だれもが感動するおいしいりんごをつくる人がいる。
「かわいいねぇ」と、心底うれしそうにりんごを見つめるのは、
歯のない笑顔がトレードマークの自称《じしょう》「りんご手伝い業」。
そのりんごづくりは、いばらの道だった。
8年ものあいだ、実がなるどころか花も咲《さ》かない。
6年目、男は死のうと決めて山へ入る。
そこで命と引きかえにもらったこたえが、
奇跡《きせき》のりんごを実らせた。
「主人公はよ、りんごの木なの」
苦しみの中でつかんだ信念とその仕事の流儀《りゅうぎ》とは！

✳手間をかけた、魂《たましい》のりんごづくり

早朝5時半、青森県弘前市《あおもりけんひろさきし》のとある家に、コーヒーを飲みながら、テレビの天気予報《よほう》を真剣《しんけん》に見つめる男の人がいます。

「今日は風がないな」

つぶやいたその人は、りんごを栽培《さいばい》している木村秋則《きむらあきのり》さんです。青森《あおもり》県は、りんごの生産量日本一を誇《ほこ》る県。木村《きむら》さんもそのりんごをつくるひとりですが、ほかの農家とは、つくり方がずいぶんとちがっています。

朝7時、木村《きむら》さんは岩木山《いわきさん》のふもとに広がるりんご畑に向かいました。2.4ヘクタールの畑に植えられているのは、600本のりんごの木。そのどれもが、たわわに実っています。

木村《きむら》さんは、畑に入るやいなや、りんごたちに声をかけはじめました。

「よくがんばったよ」

木村《きむら》さんは、実りをもたらしてくれたりんごの木に、感謝《かんしゃ》の気持ちでいっぱいな

笑顔の絶《た》えない木村《きむら》さん。りんごにもやさしく声をかける。

のです。

その日の作業は、りんごの実にかけた紙《かみ》袋《ぶくろ》をはがすことからはじまりました。木村《きむら》さんは、一つひとつの袋《ふくろ》をていねいにはがしていきます。栽培中《さいばいちゅう》にりんごに袋《ふくろ》をかける理由にはいろいろありますが、その肌《はだ》を美しく保《たも》ち、きれいに色づかせるためというのもそのひとつ。時期が来たら袋《ふくろ》を外し、太陽の光を当てて、真っ赤に色づかせるのです。

袋《ふくろ》をかけることには、病害虫を防《ふせ》ぐという効果《こうか》もあります。けれど、それをしても、りんごは病気や害虫にとても弱く、農薬をつかわずに栽培《さいばい》することは不可能《ふかのう》だとい

農薬や肥料《ひりょう》をつかわない木村《きむら》さんのりんごは、「奇跡《きせき》のりんご」とよばれる。

われています。

ところが木村《きむら》さんは、化学的に合成された農薬や肥料《ひりょう》をいっさいつかわずに、りんごをつくってしまうのです。

「何もほどこさないのに、よくこれほど大きくなっていくもんだな」

そう言って、愛おしそうにりんごを見つめる木村《きむら》さん。その仕事は、ひとつの信念につらぬかれています。

育てない、手助けするだけ

「わたしはただ、りんごの木が育ちやすいようにお手伝いしているだけ。職業《しょくぎょう》はりんご手伝い業だ」

りんごは愛で育てる

木村秋則《きむらあきのり》

木村《きむら》さんはよくそう言って笑います。

木村《きむら》さんの畑は、何年もの年月をかけてつくった、りんごが育ちやすい環境《かんきょう》になっていました。

そのだいじな役目を担《にな》っているのが雑草《ざっそう》です。木村《きむら》さんの畑は、一面草がのび放題。いろいろな種類の草が、競うように生きています。そこには虫がたくさんいて、中にはりんごの木に悪さをする虫もいますが、その虫を食べる益虫《えきちゅう》もいます。虫だけでなく、よい菌《きん》もいれば悪い菌《きん》もいて、畑を草だらけにしておくおかげで生き物たちのバランスがとれているのです。

農薬は畑の害虫を殺す便利な薬ですが、それをつかうと、害虫を食べる虫もいっしょに死んでしまいます。それは、畑の生き物のバランスをくずすことにつながってしまいます。そこで木村《きむら》さんは、農薬をまくかわりに、畑やりんごの木をよく観察して、そこに暮《く》らす害虫と益虫《えきちゅう》のバランスに目を光らせているのです。

「わたしの栽培《さいばい》は、この目が農薬であり、肥料《ひりょう》なんだ」

木村《きむら》さんはそう言って笑いながら、害虫の卵《たまご》を見つけて手でとりのぞきました。

ただ、虫や卵《たまご》は目で見えますが、おそろしいのは目では見えない病原菌《びょうげんきん》です。木村《きむら》さんには、植物の病気からりんごを守るために、たよりにしているものがありました。

それは、米やトウモロコシを発酵《はっこう》させてつくったお酢《す》でした。お酢《す》には、わずかですが殺菌作用《さっきんさよう》があります。木村《きむら》さんの畑では、長いあいだ化学的に合成した農薬や肥料《ひりょう》をつかっていないので、お酢《す》の力でも、十分に病気を食い止められるのです。

木村《きむら》さんは、大きな噴霧器《ふんむき》にお酢《す》を水でうすめて入れ、勢《いきお》いよく噴射《ふんしゃ》しました。そうして、りんごの木全体に洗《あら》うようにかけていきます。

雑草《ざっそう》をのばし、できるだけ自然の状態《じょうたい》に近づけている木村《きむら》さんのりんご畑。

りんごは愛で育てる

木村秋則《きむらあきのり》

自分も体中にお酢《す》をかぶりながら、1本1本の木にていねいにお酢《す》をかけていく木村《きむら》さん。600本全部のりんごにこの作業を終えたときには、5日もたっていました。

大変な重労働ですが、木村《きむら》さんは、これを手作業でおこなっています。それには理由があるのです。

一般的《いっぱんてき》なりんご栽培《さいばい》では、農薬をまくのに、「スプレーヤー」という大きな噴霧《ふんむ》車《しゃ》をつかいます。それは車のようにタイヤがついていて、運転しながら畑を進む大型の機械です。手作業とはくらべものにならないほど早く仕事が済《す》むので、農家はとても助かります。

でも木村《きむら》さんは、噴霧車《ふんむしゃ》をつかう気にはなれません。重い機械が畑の中を動き回ると、畑の土をふみ固めてしまうからです。

スプレーヤーが入らない木村《きむら》さんの畑は、手でかんたんにほり返せるほど、土がやわらかです。ほった土には、草が元気に根をはっていました。

「きっとりんごの根も、同じじゃないかな」

噴霧器《ふんむき》で、りんごの木一つひとつにお酢《す》をかけていく。

木村《きむら》さんはそう思っています。

愛こそがすべて

たとえ作業が大変でも、効率《こうりつ》より大切なのはりんごが喜ぶ土を守ること。自然に近づけた畑の環境《かんきょう》が、りんごがもともとっている生きる力をひきだし、その実に自然の甘《あま》みを宿らせてくれるのだと、木村《きむら》さんは考えているのです。

毎年9月に木村《きむら》さんは、畑にはえているだいじな草を刈《か》ります。

草がぼうぼうだと土の温度に変化がでないので、草を刈《か》って地温を下げ、りんごの木に秋を教えるためです。畑のりんごは、原野にはえているりんごとはちがいます。目的は収穫《しゅうかく》。となると、そこは人間が手をかけないといけないのです。袋《ふくろ》を外されたばかりの青かったりんごは、秋の光を受けて、日一日と色づいていきます。ただこの時期、りんご農家には心配事もありました。

2006年9月17日、その心配事がやってきました。強い台風が長崎県《ながさきけん》に上陸していたのです。

「こりゃ、相当強いよ」

テレビのニュースを見ながら、木村《きむら》さんは表情《ひょうじょう》をくもらせます。北上してきたその台風は、2日後、青森県《あおもりけん》にも接近《せっきん》。木村《きむら》さんのりんご畑にも強い風が吹《ふ》きつけました。たわわに実をつけた枝《えだ》が、激《はげ》しい風にゆさぶられます。

木村《きむら》さんはとても心配しましたが、翌朝《よくあさ》、りんごたちは、ほとんど落ちることなく無事に実っていました。

「だいじょうぶだった。よかった」

ほっと胸《むね》をなでおろした直後、木村《きむら》さんはあるものに気づきました。

「それ、なんだ？」

1本のりんごの木が、折れていたのです。冬の豪雪《ごうせつ》で裂《さ》け目の入っていた枝《えだ》が、台風の風にたえきれず裂《さ》けてしまったようです。

このままでは、折れた部分は数週間後には枯《か》れてしまいます。手塩にかけたりんごは、木村《きむら》さんにとって家族と同じ。見捨《みす》てることなどできません。

木村《きむら》さんは、妻《つま》の美千子《みちこ》さんと力をあわせて、幹《みき》から裂《さ》けたその巨大《きょだい》な枝《えだ》をおこし、支《ささ》えをそえて地面からもち上げました。こうしておけば、数日でも長く生きられるでしょう。

処置《しょち》を終えた木村《きむら》さんは、腕《うで》をのばして、とれかけていたりんごを折りとり、両手のひらで包みました。

「すごいね！　かわいいな！　タンスに入れてしまっておこうかな」

木村《きむら》さんは、天をあおいで大笑い。つやつやと輝《かがや》く形のよいりんごには、すこやかな命があふれていました。

木村秋則《きむらあきのり》

✳8年目のりんごの花

ひと仕事終えたお昼ごはん。木村《きむら》さんは、大好物のメロンをおかずにごはんをかきこんでいます。

「うめぇ」

そう言う夫を見て、妻《つま》の美千子《みちこ》さんが笑います。

「最初はびっくりしたよ。メロンがおかずなんて」

夫婦《ふうふ》は二人三脚《ににんさんきゃく》で、30年以上ものあいだ、りんごづくりをしてきました。

その道のりは、けっして楽なものではありませんでした。ふたりが農薬も肥料《ひりょう》もつ

木村《きむら》さんにとって、りんごは家族の一員のようなもの。

かわないりんご栽培《さいばい》をはじめたのは、1978年。それから8年ものあいだ、りんごはまったく実らなかったのです。

木村《きむら》さんは、農家の二男として生まれました。隣村《となりむら》のりんご農家へ婿養子《むこようし》にはいったのは22歳《さい》のときでした。それが、妻《つま》の美千子《みちこ》さんの家です。

その頃《ころ》は、農薬や化学肥料《ひりょう》をつかって大規模《だいきぼ》な農業をおこない、効率《こうりつ》よくたくさん作物を収穫《しゅうかく》することがよいとされた時代です。木村《きむら》さんも、そんな農業をめざしていました。

ところが間もなく、木村《きむら》さん夫婦《ふうふ》は体調をくずしてしまったのです。木村《きむら》さんは、皮膚《ひふ》がただれて水ぶくれができ、肌《はだ》の弱い美千子《みちこ》さんは、顔がただれ、ときには寝《ね》こんでしまうほど重い症状《しょうじょう》に悩《なや》まされました。原因《げんいん》は農薬でした。

そんなある日、木村《きむら》さんは立《た》ち寄《よ》った書店で、1冊《さつ》の本と出会いました。

それは、『自然農法　緑の哲学《てつがく》の理論《りろん》と実践《じっせん》』という本で、農薬も肥料《ひりょう》もいっさいつかわず、イネやミカンを育てる農法について書かれていました。

りんごは愛で育てる

木村秋則《きむらあきのり》

木村《きむら》さんはその内容《ないよう》に衝撃《しょうげき》を受け、決めたのです。

「この方法でりんごをつくろう！」

さっそく農薬をつかうことをやめ、2か月がすぎた頃《ころ》、畑に異変《いへん》がおきました。りんご畑に、おびただしい数の害虫が発生。その上、細菌《さいきん》が原因《げんいん》でおきる病気が追い打ちをかけ、秋になると、すべての葉が落ちてしまいました。

木村《きむら》さんは、それでもあきらめませんでした。

虫や病気を見つけると、その絵をかいて図書館へ行き、その名や習性《しゅうせい》、病気の特《とく》徴《ちょう》などを調べました。そしてあの本をくり返し読み、さらにほかの資料《しりょう》も読みあさって、さまざまな対処《たいしょ》方法をためしたのです。

たとえば、ニンニク、牛乳《ぎゅうにゅう》、酢《す》、黒砂糖《くろざとう》、焼酎《しょうちゅう》などの自然の材料をつかって、害虫や病気によいといわれる薬をつくることもそのひとつです。

ところが、ほかの作物には効果《こうか》があるのに、りんごにはまったく効《き》きません。1年たっても、2年たっても、実がなるどころか、花さえ咲《さ》かないのです。

りんごができないということは、それを売ってお金を得ることができないということです。木村《きむら》さんの家は、りんご栽培《さいばい》で食べていくことができなくなりました。

木村《きむら》さんは、生活費をかせぐために、夜になると町のキャバレーでお客をよびこむ仕事をはじめました。美千子《みちこ》さんは、食費を切りつめるために、食べられる草を畑でつんでそれで料理をしました。そして3人の娘《むすめ》は、ひとつの消しゴムを3つに分けてつかいました。

そうして4年がすぎました。りんごはまだ、実る気配すらありません。

木村《きむら》さんの耳には、周囲からの悪口が聞こえてきます。

「こんなことをするなんて、ばかだ」

「かまど消しとは、口をきくな」

津軽弁《つがるべん》で「かまど消し」とは、「破産《はさん》をした人」のことです。かまどの火を消すとごはんを食べられなくなる。お金ばかりむだにつかって利益《りえき》のないことをしていると、木村《きむら》さんをあざ笑ったのです。

木村《きむら》さんは、とうとう家族に言いました。

「もうやめようか……」

苦難《くなん》の日々《ひび》をすごした、当時の木村《きむら》さん（左）と妻《つま》の美千子《みちこ》さん（右）。

父の弱音に、長女はこうこたえました。

「わたしたち、なんのためにいままでがまんしてきたんだ？」

木村《きむら》さんの胸《むね》の中では、ふたりの自分が戦っていました。「もうあきらめろ」という自分と、「もう少しの辛抱《しんぼう》だ」という自分。

その戦いにこたえをだせないうちに、雪が消えて春がきました。木村《きむら》さんは美千子《みちこ》さんに言いました。

「もう1年やらせてくれ」

美千子《みちこ》さんは何も言いませんでした。

そして5年目には、とうとうりんごの木が枯《か》れはじめました。

苦しみながら見つけたこたえは、岩木山《いわきさん》の自然の中にあった。

6年目のある夏、木村《きむら》さんは畑にひとり座《すわ》って、思っていました。

「何をやってもダメで、なんでこんなことをはじめてしまったんだろう」

日が暮《く》れて夜になると、木村《きむら》さんの足は岩木山《いわきさん》に向かっていました。家族に死んで謝《あやま》ろうと、自ら命を絶《た》つ覚悟《かくご》だったのです。

死に場所を探《さが》して山の中を歩き回るうちに、木村《きむら》さんの目の前に、とつぜんりんごの木があらわれました。目をこらしてもう一度見ると、それはドングリの木でした。枝《えだ》ぶりがよく似《に》ていたのです。

木村《きむら》さんは、ふと思いました。

「どうして自然の木々《きぎ》は、農薬をかけていないのに、病気にもならず、害虫もいないのだろう……」

そして、そのドングリの根元をほってみたのです。その土はおどろくほどやわらかでした。それを手にして木村《きむら》さんは、ハッとしました。

「これを再現《さいげん》しよう！　これを再現《さいげん》すれば、りんごはきっと実る！」

木村《きむら》さんは家に帰ると、それ以来、りんご畑の草をのび放題にさせました。りんごを育てることより、あのやわらかい自然の土を育てることだけ考えたのです。

そうして7年目がすぎ、8年目の春がやってきました。

ある日、近所の知人が、木村《きむら》さんのもとにかけこんできました。

「木村《きむら》、畑を見に行ってみろ！」

そこには、白く可憐《かれん》なりんごの花が、畑をうめつくしていたのです。真っ白な5枚《まい》の花弁《かべん》。つぼみはほんのりと紅《べに》をさしたよう。

それは、木村《きむら》さん家族が8年間どれほどまち続けたか知れない光景でした。

木村《きむら》さんは、涙《なみだ》があふれて止まりませんでした。そして気づきました。

「花を咲《さ》かせたのは自分じゃない。りんごが自ら力をふりしぼって咲《さ》いたんだ」

主人公はりんごだ

その春以来、これが木村《きむら》さんの信念となりました。その秋実ったりんごを見て、木《き》村《むら》さんは思いました。

「ようやく、りんごの木が自分をわかってくれた」

木村《きむら》さんはりんご畑でひとり、祝杯《しゅくはい》をあげました。そして、1本1本のりんごの木にも、「よくやったよくやった」と、お酒をふるまって回ったのです。木々《きぎ》の向こうでは、大切なことを教えてくれた岩木山《いわきさん》

いまでも毎年春に花を咲《さ》かせる、木村《きむら》さんのりんごの木。

が、静かに木村《きむら》さんを見つめていました。

✳こたえはりんごに聞け

２００６年８月下旬《げじゅん》、木村《きむら》さんは岩手《いわて》県の遠野《とおの》市に向かっていました。訪《おとず》れるのは２回目。この町に、りんごづくりを教えている人がいるのです。

「しばらくでした」

そう言って木村《きむら》さんをでむかえたのは、佐々木悦雄《ささきえつお》さん。木村《きむら》さんより３歳《さい》年上です。この年の春に木村《きむら》さんに弟子入りし、農薬も肥料《ひりょう》もつかわないりんご栽培《さいばい》に取り組んで半年になりました。

このとき佐々木《ささき》さんの畑では、ちょうど異変《いへん》がおきはじめていました。りんごの葉の色が茶色く変わって、落ちてしまうのです。

「これは、斑点落葉病《はんてんらくようびょう》ですね」

木村《きむら》さんはそれを見るなり言いました。

「こっちは、うどん粉病だ」

佐々木《ささき》さんは、急に病気が増《ふ》えて葉っぱが落ちはじめたのだと木村《きむら》さんに訴《うった》えました。

「それまでは元気もよくて、このままだと楽勝だなと思ってたのに」

佐々木《ささき》さんは、かつて小さな建設《けんせつ》会社の社長をしていました。景気が悪くて赤字が続き、社長の座《ざ》をしりぞいたときに木村《きむら》さんのりんごに出会い、りんごづくりに第2の人生をかけようと決めたのです。

「木村《きむら》さんには肩書《かたが》きはないけど、肩書《かたが》きある人よりずっと真実みがあるし、訴《うった》えるものがある」

そう思って、懸命《けんめい》に木村《きむら》さんの技術《ぎじゅつ》を学ぼうとしていました。

佐々木《ささき》さんは、木村《きむら》さんにまだ若《わか》いりんごの実についた黒い点々《てんてん》を見せます。

「すす病。これは、酢《す》で十分死ぬの」

と木村さんは言いました。

「そうか。酢《す》を散布《さんぷ》するタイミングが悪かったのかな」

弟子入り１年目の佐々木《ささき》さん。

「うん、そうだと思う」

病気の特徴《とくちょう》や酢《す》をまくタイミング、害虫の見分け方など、佐々木《ささき》さんは早く技術《ぎじゅつ》を身につけて、病害虫を食い止めたいとあせっていました。

そのとき、突然《とつぜん》、木村《きむら》さんが地面にしゃがみ、雑草《ざっそう》にふれながら言ったのです。

「佐々木《ささき》さん、これ」

そして、そこにはえていた草をぬきました。

「スプレーヤーでふんづけたでしょ。何回？　１回、２回、３回、４回」

木村《きむら》さんは、折れた茎《くき》の数で、大型の噴《ふん》霧《む》車《しゃ》のスプレーヤーが、ここを何度も走ったことを見ぬきました。

ばれてしまった佐々木《ささき》さんは、頭をかきながら照れ笑いをしています。

「つかってました。楽だからね、1時間半で終わるから」

畑の土をふみ固めるスプレーヤーは絶対《ぜったい》につかわないよう、木村《きむら》さんはくり返し佐々木《ささき》さんに指導《しどう》してきました。でも、佐々木《ささき》さんはそれを守っていませんでした。

木村《きむら》さんはもう一度言いました。

「スプレーヤーがあると、まあ1回ぐらいはいいだろうと走るんですよ。本当はつかわせたくないの」

佐々木《ささき》さんのりんご畑にも、600本の木があります。その一つひとつに手作業で酢《す》をまくのは、大変な作業です。

どの農家もつかっている便利なスプレーヤーをなぜつかってはいけないのか。佐々木《ささき》さんにはよくわかりませんでした。

この半年、佐々木《ささき》さんは、あまりに非効率《ひこうりつ》な作業の連続に、日々《ひび》とまどっていました。かけた手間に見合った成果がないのに、なぜそれをしなければいけないのかわからなかったのです。

木村《きむら》さんは、弘前《ひろさき》の自分の畑にもどって仕事を再開《さいかい》しましたが、心のどこかで、いつも佐々木《ささき》さんを気にかけていました。

「自分が味わった苦しみは、味わわせたくないなぁ」

木村《きむら》さんは30年かけてつちかったりんごづくりの方法を、だれかに聞かれれば、包みかくさず教えています。

けれど、いくら技術《ぎじゅつ》を教えても、それだけではりんごづくりはうまくいきません。そのことをなかなかわかってもらえないので、木村《きむら》さんは、人にりんごづくりを教えるたびに、いつも同じむずかしさを感じていました。

スプレーヤーをつかえばすぐに作業は終わるが、畑の土をふみ固めてしまう。

9月半ば。遠野《とおの》の佐々木《ささき》さんの畑は、さらにひどい状態《じょうたい》になっていました。病気が広がったことで葉はすべて落ち、枝《えだ》にのこったりんごの実も、ほとんどが病気におかされてしまいました。

「弱い木ほど病気にも虫にも徹底的《てっていてき》にねらわれている。弱い者いじめだ」

佐々木《ささき》さんは落ちこみ、助けを求めて木村《きむら》さんに電話をかけました。

「岩手《いわて》の佐々木《ささき》です。やはり葉の落下が激《はげ》しくてですね……」

この状況《じょうきょう》に何か効果《こうか》のある手だてはないかと、木村《きむら》さんに対策《たいさく》をたずねました。

「酢《す》をもう1回散布《さんぷ》してください。なかったら、わたしが送りますから」

木村《きむら》さんは、来年の実りのために、自分が送る酢《す》を散布《さんぷ》するようにと、佐々木《ささき》さんに伝えました。そして、最後にこう言ったのです。

「スプレーヤーでもいいですから。手散布《てさんぷ》でなくてもいいから」

スプレーヤーはつかうなとなんども言っていた木村《きむら》さんが、急につかってもいいと言いだしたのです。

佐々木《ささき》さんは、そのことばをどう受けとっていいかわかりませんでした。じつは木村《きむら》さんは、そのことばに強い願いをこめていたのです。

心がなければ、続かない

スプレーヤーは能率《のうりつ》もいいし、短時間で大面積をこなすいい機械です。でもそれをつかうと、りんごの木と土は喜びません。

「佐々木《ささき》さんに、本当にりんごの木を救いたいという気持ちがあれば、手間はおしまないはずだ」

木村《きむら》さんはそう思っていたのです。

苦しんでいるりんごの木を前に、それでもスプレーヤーをつかうようならば、佐々木《ささき》さんはいずれりんごづくりに挫折《ざせつ》する。もう一度りんごの木と向き合って欲《ほ》しい。木村《きむら》さんは、そう願っていました。

酢《す》が届《とど》くまでのあいだ、遠野《とおの》の佐々木《ささき》さんは、酢《す》の散布《さんぷ》にスプレーヤーをつかうかどうか迷《まよ》っていました。

その最中、思いもよらないことがおきました。病気のりんごの枝先《えださき》に、花が咲《さ》きはじめたのです。

ふつうりんごは、春に花を咲《さ》かせます。それが9月に咲《さ》いたのです。

「桜《さくら》の花には『狂《くる》い咲《ざ》き』ということがたまにあるけれど、りんごで見るのははじめてだ」

佐々木《ささき》さんはおどろきました。秋に花が咲《さ》いた枝《えだ》には、来年りんごは実をつけません。

「何がここまでりんごの木をおかしくしたのか……」

佐々木《ささき》さんは、木村《きむら》さんのことばを思いだしました。

「こたえはりんごに聞け」

佐々木《ささき》さんの頭に浮《う》かんだのは、手間を惜《お》しんで、りんごを大切にしなかった自分の未熟《みじゅく》さでした。

「手ぬきしたんじゃ、やっぱりすぐあらわれるんだ」

かつてしていた建築《けんちく》の仕事でも、手ぬき工事をすればその結果はすぐにあらわれ

技術《ぎじゅつ》だけではりんごづくりはうまくいかない。木村《きむら》さんは、佐々木《ささき》さんにりんごともう一度向き合うことを願った。

ます。りんごも同じなのです。佐々木《ささき》さんは、スプレーヤーにたよっていたことを反省しました。

木村《きむら》さんから酢《す》が届《とど》くと、佐々木《ささき》さんはそれをりんごの木にまきはじめました。選んだのは、手作業。りんごの木に負担《ふたん》をかけないために、手間のかかる方法を選んだのです。

「みじめな状態《じょうたい》になってるから、よけい元気な木にしたい」

佐々木《ささき》さんは希望をもって、願いをこめながらりんごの木を酢《す》であらっていきました。

10月1日。木村《きむら》さんの畑では、真っ赤に色づいたりんごの収穫《しゅうかく》がはじまっていました。籠《かご》を手に、一つひとつ、ていねいに実をもいでいきます。

そこへ遠野《とおの》から佐々木《ささき》さんが訪《たず》ねてきました。

「佐々木《ささき》さん、どうも。この前はありがとうございました」

「いえいえ、おしかけました、はははは」

佐々木《ささき》さんは収穫《しゅうかく》を手伝い、それが終わると、弟子入り1年目の感想を木村《きむら》さんに話しました。

「りんごの結果にはがっかりしたけど、これが現実《げんじつ》なのかな。自然農法の現実《げんじつ》なのかなと思う」

笑っていても、やっぱり元気のでない佐々木《ささき》さんに、木村《きむら》さんは言いました。

「技術《ぎじゅつ》はよ、心が先にともなってから、あとからついてくるものですよ。主人公は、りんごの木なの」

「うん。うん」

佐々木《ささき》さんは木村《きむら》さんをまっすぐ見つめ、そのことばになんどもなんどもうなずきました。

包みをあけてとりだしたのは、9月に咲《さ》いてしまったりんごの小枝《こえだ》。そして、かろうじて収穫《しゅうかく》できたいくつかのりんごの実でした。木村《きむら》さんは、佐々木《ささき》さんのりんごの花にやさしくふれました。

「ねぎらいの気持ちを、りんごに伝えてくださいよ。よくがんばってるんだよ、これも。満身の力で花咲《さ》かせたと思うの」

そして、不恰好《ぶかっこう》なりんごを切りました。

傷《きず》だらけで、黒い点々《てんてん》のある形の悪いりんご。それを口にふくむと、木村《きむら》さんはじっくりと味わい、やがて言いました。

「うまい」

佐々木《ささき》さんもほっとしたようです。

「壁《かべ》をひとつ越《こ》え、またひとつ越《こ》え、階段《かいだん》を1段《だん》ずつ上がるような気持ちでね。必ず実りますよ。短気は損気《そんき》です。わははは」

さわやかな秋の日差しの中、木村《きむら》さんと佐々木《ささき》さんは、りんごの木の下でいつまでも笑っていました。

りんごは愛で育てる

木村秋則《きむらあきのり》

プロフェッショナルとは

技術《ぎじゅつ》も心もいっしょに
ともなった人が、
プロじゃないでしょうか。

第35回２００６年12月7日放送

こんなところがプロフェッショナル！

りんごづくりに愛を注ぐ、木村秋則《きむらあきのり》さん。
こんなところがすごいよ。

いつもつかうデジタルカメラ

害虫や病原菌《びょうげんきん》の生態《せいたい》を記録し調べるため、木村《きむら》さんは畑でカメラをつかいます。かつては何十種類もいる小さな虫のスケッチを一日中しては図書館で調べ、その生態《せいたい》を独学《どくがく》で学んできました。

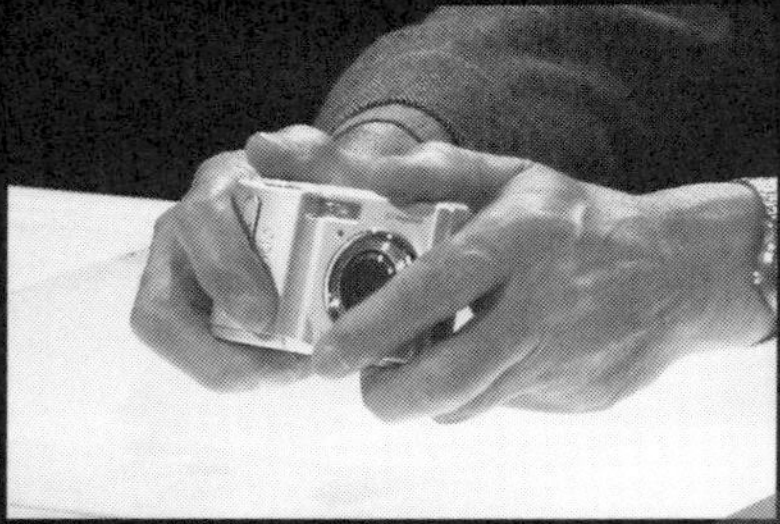

常識《じょうしき》にとらわれない

不可能《ふかのう》だと言われてきたりんご栽《さい》培《ばい》をなしとげた木村《きむら》さん。そのひけつは「バカになること」だと言います。常識《じょうしき》にとらわれず、作業の苦しみをわすれるほど、一心不乱《いっしんふらん》に観察や調査《ちょうさ》に取り組んできたのです。

ほかの植物も育ててきた

木村《きむら》さんは、りんご栽培《さいばい》の方法を探《さが》すかたわら、米やさまざまな野菜の無農薬無肥料《むひりょう》の栽培《さいばい》方法も確立《かくりつ》させてきました。現在《げんざい》ではその技術《ぎじゅつ》を生かして、全国で農業の指《し》導《どう》もおこなっています。

複雑《ふくざつ》な生態系《せいたいけい》をコントロールする

木村《きむら》さんの畑は、りんごの木だけでなく、ほかのさまざまな動植物の集まる豊《ゆた》かな生態系《せいたいけい》ができ上がっています。そのバランスをとる一方で、収穫《しゅうかく》のためにりんごを成長させるのはとてもむずかしく、ひたすらにくふうして知恵《ちえ》をだす日々《ひび》を続けています。

プロフェッショナルの格言《かくげん》

愛でりんごを育てる、木村秋則《きむらあきのり》さんのことばを心にきざもう。

主人公は、りんごだ

化学的に合成された農薬や肥料《ひりょう》をつかわない木村《きむら》さんのりんごづくり。木村《きむら》さんの畑は、自然のままの状態《じょうたい》に近づけることによって、りんごの木が自分の力で育ちやすい環境《かんきょう》となっているのです。

愛こそがすべて

ほかの人からは効率《こうりつ》の悪い作業に見えても、木村《きむら》さんは一つひとつの手間をおしみません。効率《こうりつ》よりも、りんごが喜ぶような環境《かんきょう》をつくり、家族のように手塩にかけて育てるのです。

こたえはりんごに聞け

木村《きむら》さんのりんごは、手をぬくと、すぐに木の病気などにつながるむずかしい育て方をしています。りんごづくりには、技術《ぎじゅつ》よりも、心をこめて世話をし続けることがなにより大切だと考えています。

和牛の神様、愛情《あいじょう》の牛

肉牛農家

鎌田《かまだ》秀利《ひでとし》

食の芸術品《げいじゅつひん》と言われる「和牛」。
中でも日本最高峰《さいこうほう》とされるのが、九州《きゅうしゅう》の宮崎牛《みやざきぎゅう》だ。
食べた人をとろけさせる霜降《しもふ》り肉《にく》をつくるのは、
ねじりはちまき30年の肉牛農家の男。
繁殖《はんしょく》から飼育《しいく》までピカイチの技術《ぎじゅつ》をもち、
極上の肉質《にくしつ》を生みだす。
かつて宮崎《みやざき》県を襲《おそ》った動物の伝染病《でんせんびょう》。
29万頭もの家畜《かちく》が殺処分《さつしょぶん》された。
そのときを境《さかい》に、男は牛への向き合い方を変えたのだ。
突然《とつぜん》の子牛の死、長引く出産。手塩にかけても必ずやってくる牛との別れ。
それでも男は笑顔で言う。
「これ以上の仕事はない」

✳牛にとって最適《さいてき》な環境《かんきょう》を

朝もやの中、小高い山のふもとに牛舎《ぎゅうしゃ》が見えます。ここは宮崎《みやざき》県の最南端《さいなんたん》にある串間《くしま》市です。

朝6時、牛舎《ぎゅうしゃ》に向かうのは、作業着に身を包んだひとりの男性《だんせい》。日本を代表するブランド牛、「宮崎牛《みやざきぎゅう》」を生産する和牛農家、鎌田秀利《かまだひでとし》さんです。

牛舎《ぎゅうしゃ》に入る前、作業場のすみに整頓《せいとん》された数足の靴《くつ》の中から、鎌田《かまだ》さんはいつもの白い長靴《ながぐつ》にはきかえます。今年に入ってもう3足目。ふつうなら1年はもつ長靴《ながぐつ》を、鎌田《かまだ》さんはわずか2か月ほどではきつぶしてしまいます。それほど、1日中歩き回っているのです。

「はいはい、おはよう、おはよう」

まずは牛たちに朝のあいさつです。飼《か》っているのは黒毛和牛《くろげわぎゅう》200頭あまり。その中には生まれたばかりの子牛もいます。母牛に寄《よ》りそう愛らしい姿《すがた》に、鎌田《かまだ》さんは目を細めました。

朝6時から、飼《か》っている200頭の牛のようすを確認《かくにん》する。

「元気に産まれてくれてよかった」

多くの肉牛農家は、子牛を生産する農家と、買ってきた子牛を育てて出荷する農家で分かれていますが、鎌田《かまだ》さんはちがいます。子牛を産ませる「繁殖《はんしょく》」から、おとなになるまで育て上げる「飼育《しいく》」まで、すべてを手がけています。全国でもめずらしい農法ですが、鎌田《かまだ》さんは、こう信じています。

「生まれたての頃《ころ》から手をかけないと、よい牛には育たない」

朝の見回りは、とてもだいじな仕事です。牛たち1頭1頭のようすを注意深く見ていきながら、とくに子牛のいる場所へくると、足を止めてじっくりと観察します。

まだ早朝なのであまり動きませんが、これから母牛のお乳《ちち》を飲みだしてしまうと、子牛は自然と元気になってしまいます。その前にようすを見ることで、その牛の本当の体調やささいな変化に気づけると、鎌田《かまだ》さんは考えていました。

「ちょっと呼吸《こきゅう》が速いなぁ。少し熱があるのかな」

牛は非常《ひじょう》にデリケートな動物で、わずかな環境《かんきょう》の変化でもすぐに体調をくずしがち。そのため鎌田《かまだ》さんは、牛たちにとって最適《さいてき》な環境《かんきょう》をととのえることを何よりだい

牛舎《ぎゅうしゃ》のまわりの木の枝《えだ》を切るなど、環境《かんきょう》づくりに気を配る鎌田《かまだ》さん。

じにしています。

たとえば、牛舎《ぎゅうしゃ》のまわりの木の枝《えだ》を切ることも、そのためのくふう。牛舎《ぎゅうしゃ》の温度や湿度《しつど》が気になるときに、この作業をおこないます。

「光もやわらかくなるし、涼《すず》しくもなる。牛が落ち着けばそれがいちばんいいことやからな」

牛舎《ぎゅうしゃ》のにおいも、牛の体調に影響《えいきょう》します。寝床《ねどこ》に敷《し》いたおがくずを入れかえるときには、古いおがくずをあえて少しだけのこし、においを変えないように注意します。そうすれば牛が落ち着くからです。

新しいおがくずに飛び乗った子牛は、さっそく地面のにおいを確《たし》かめて、ほっとしたようです。それを見ながら、鎌田《かまだ》さんは目じりにシワを寄《よ》せて笑いました。

「あとはゆっくり寝《ね》てもらえれば、わしの仕事の成果がでる」

鎌田《かまだ》さんの牛飼《うしか》いの極意は、これだけではありません。

その日、見回りをしていた鎌田《かまだ》さんは、1頭の子牛の前で立ち止まりました。生後間もない子牛の足元に、白い下痢《げり》のあとを発見したのです。

「やっぱりなあ。蒸《む》すもんやからなあ」

鎌田《かまだ》さんはすぐに、粉薬に水をまぜはじめました。そしてその薬を、なぜか母牛に飲ませたのです。子牛の便の色から、母牛の体調不良が、お乳《ちち》を通して子牛に影《えい》響《きょう》をあたえていると考えたからです。

翌日《よくじつ》、子牛は下痢《げり》も治り、元気に母乳《ぼにゅう》を飲んでいました。鎌田《かまだ》さんの思ったとおり、原因《げんいん》は母牛の体調だったのです。

見えないものを、見る

「目に見えることはだれでもやるから。見えない部分をどういうふうにおぎなってやれるかっちゅうのが、この仕事のいちばんのポイントになるのかな」

鎌田《かまだ》さんはいつもそう言っています。

「見えないところの仕事がうまいことといかないと、農業は成り立たない。そこにどれだけ一生懸命《いっしょうけんめい》力を注げるかや」

見えないものを見るためには、どれだけ牛の気持ちになりきれるかがだいじだと考えている鎌田《かまだ》さん。徹底的《てっていてき》に牛の気持ちをわかろうとするために、思わぬ習慣《しゅうかん》をとりいれています。

それは、ガムをかむことでした。

鎌田《かまだ》さんは、日中、ほとんど食事をとらず、かわりにガムをかみ続けています。もぐもぐと絶《た》え間《ま》なく口を動かす鎌田《かまだ》さん。向き合っている牛たちもみな、もぐもぐと口を動かしています。じつは鎌田《かまだ》さん、牛の習性《しゅうせい》である「反芻《はんすう》」をまねているのです。

反芻《はんすう》とは、一度飲みこんで胃まで入った食べ物を、口の中にはきもどし、再《ふた》びかみなおして胃へと飲み下すこと。

牛はそのようにして、食べた草などを消化する生き物です。そのため、いつ見ても口を動かして、食べ物をかんでいます。

「牛といっしょじゃと思えばいい。反芻《はんすう》をしとるっちゃ思えば、気持ちもいっしょにならな。あははは」

鎌田《かまだ》さんはそう言って、ガムをかみ続けていました。

✴日本が誇《ほこ》る食の芸術品《げいじゅつひん》

鎌田《かまだ》さんが育てた牛は、生後およそ30か月、2年半で加工場へと送られます。鎌田《かまだ》さんは加工場へおもむき、手がけた肉の仕上がりを必ず自分で見て確《たし》かめます。それは、みごとな霜降《しもふ》り肉《にく》でした。

霜降《しもふ》り肉《にく》とは、赤味の肉に、白い脂《あぶら》が網《あみ》の目のようにまざった牛肉のこと。牛肉は、網《あみ》の目のように入った脂肪《しぼう》が細かいほど上質《じょうしつ》とされています。

なかでも鎌田《かまだ》さんの牛の肉は、きめ細かな脂肪《しぼう》がつまった極上の霜降《しもふ》り肉《にく》。芸《げい》

加工場で肉の仕上がりを確《たし》かめる鎌田《かまだ》さん。

術的《じゅつてき》とよばれるほどのできばえで、ときには通常《つうじょう》の5倍もの値段《ねだん》で取り引きされていました。

「どういうふうにしたら、よりおいしい肉をめざせるかを考えて、毎日努力していかないと」

鎌田《かまだ》さんは、さらなるおいしい肉づくりをめざして、脂肪《しぼう》を入れる技術《ぎじゅつ》を追求しています。

霜降《しもふ》り肉《にく》をつくる技術《ぎじゅつ》は、日本で発展《はってん》しました。決め手は、もちろん脂《あぶら》ですが、たくさんエサをやって太らせるだけでは、質《しつ》のよい霜降《しもふ》りにはなりません。その秘《ひ》密《みつ》は栄養管理にあります。

「戦闘《せんとう》モードに入らんと」

笑顔ではちまきを締《し》めると、鎌田《かまだ》さんは牛たちにエサやりをはじめました。

「いちばんは、わしの愛情《あいじょう》が入ってる」

そう言って笑いながら、何種類かの材料をまぜあわせます。愛情《あいじょう》と同じくらい大切なのがビタミンで、きめ細かな脂肪《しぼう》を入れるには、ビタミン量の調節が鍵《かぎ》になるのです。

牛は体内のビタミンがへるにつれ、蓄《たくわ》える脂肪《しぼう》の量が増《ふ》えていきます。そのため肉牛農家は、牛の成長にあわせてビタミン量をへらしていきます。ただ、へらしすぎると、牛は体調をくずしてしまいます。ビタミンをへらしながら健康に育て上げるのは、とてもむずかしいことでした。

ところが鎌田《かまだ》さんは、一般《いっぱん》の農家の半分以下まで、ビタミン量をへらすことができます。「まるで神業《かみわざ》だ！」と、ほかの農家がおどろく、常識破《じょうしきやぶ》りの栄養管理。それができるのは、鎌田《かまだ》さんのエサやりへの考え方が、ほかの人とはちがうからです。

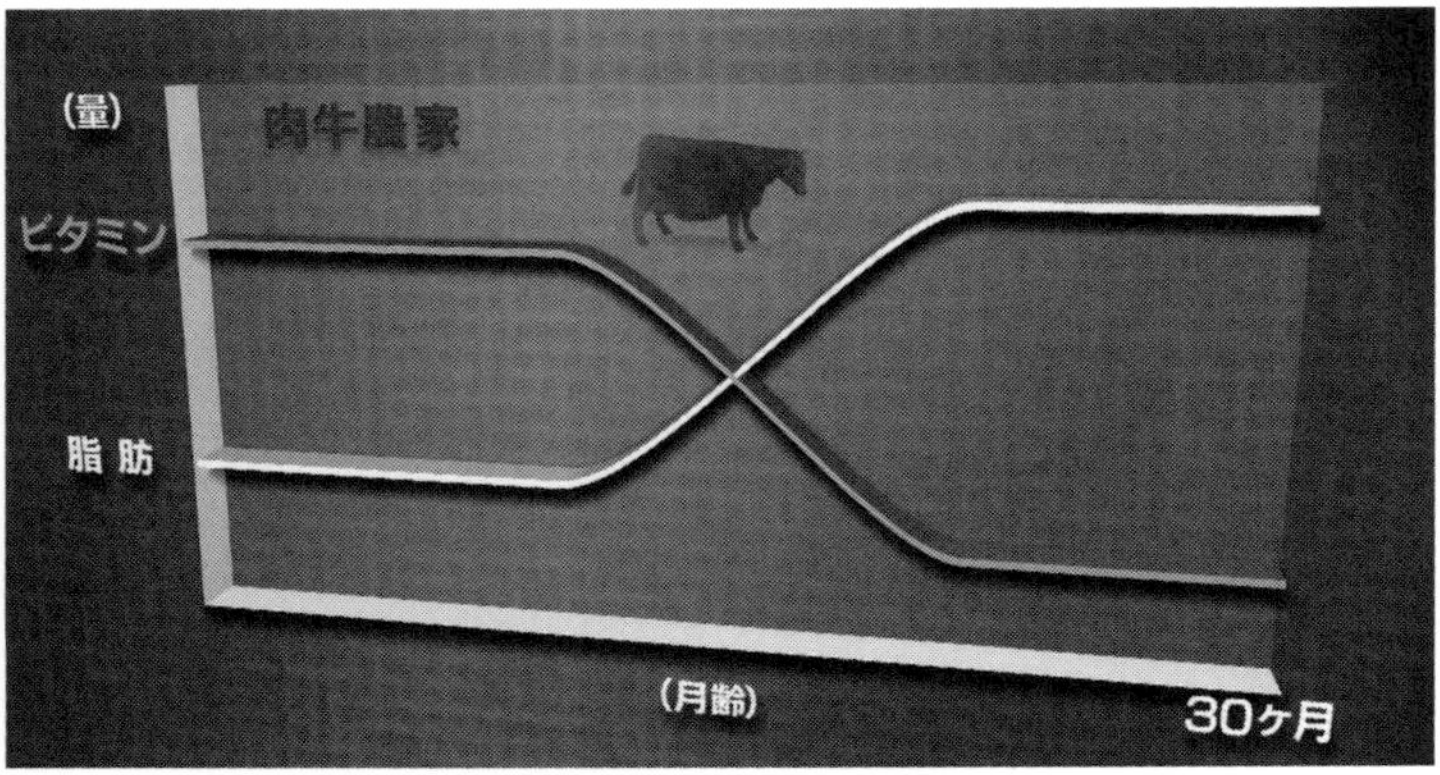

ビタミン量をへらすと脂肪《しぼう》が増《ふ》えるが、へらしすぎると体調をくずしてしまう。

食べさせる　ではなく、食べてもらう

鎌田《かまだ》さんはけっして、牛たちに無理にエサを食べさせることはしません。エサをあたえる前、鎌田《かまだ》さんは1頭1頭の牛を見て回りながら、それぞれの部屋の前に、チョークで数字を書いていきます。

ある牛には、6.0

そのとなりの牛には4.0

そのまたとなりの牛には5.0

毎回1頭ごとの調子を見て、エサの量を変えているのです。しかも、その牛の成長に応《おう》じて、エサにまぜる材料も変えます。

この牛にはビタミンが多い黄色いトウモロコシを多く、こちらの牛にはカロリーが多い麦を、ほかにも海藻《かいそう》や大豆、米ぬかなど、10種類以上の材料をつかい分けます。

このわずかな差が、牛の肉質《にくしつ》を変えていくのです。

「まっちょんなされ〜。『はよ、食わせえ』っちゅうような顔やな、あはは」

1頭1頭にあわせたエサの量を数字であらわす。

鎌田《かまだ》さんは、それぞれの牛に、オリジナルブレンドのエサをあたえてきました。

さらに鎌田《かまだ》さんのエサやりは、回数にも特徴《とくちょう》がありました。一般的《いっぱんてき》な肉牛農家は、朝夕2回、牛にエサをやります。でも鎌田《かまだ》さんは、4回に小分けしておこなうのです。

朝9時、昼の1時、夕方5時、そして夜の9時。

そのたびにエサを調整し、1頭1頭にあたえて回ります。10頭や20頭ならともかく、200頭あまりの牛に。大変な仕事ですが、鎌田《かまだ》さんはこう言います。

「手間はかかるが、牛の胃には負担《ふたん》がかからん」

鎌田《かまだ》さんのあたえるエサには、本当に、鎌田《かまだ》さんの愛情《あいじょう》がいっぱいつまっていたのです。

この日、4回目のエサやりを終えたのは夜の10時すぎでした。

「元気そうで、なんとも言えない顔やな」

食事を終え、満足そうな牛の顔を見るのが、鎌田《かまだ》さんはうれしくてたまりません。幸せな思いで牛たちに「おやすみ」を言うと、鎌田《かまだ》さんははちまきをしめ直し、自分に気合いを入れました。帰宅《きたく》前にもうひと仕事。明日牛にあたえる干《ほ》し草《くさ》を切るのです。

1日を終えるとき、鎌田《かまだ》さんはいつもひとつのことを自らに問いかけます。

精《せい》いっぱい、命に向き合ったか

そのこたえはいつも同じです。

「まだまだやな、まだまだ。これでいいっていうことはないもんな。まだわかんないこともいろいろあるし、ちゃんとしてやれないこともいっぱいあるし。まだ牛が、『もういいよ』って言ってないような気がする。『もうちょっとがんばらんとだめよ』って言われてるような気がする」

1年365日、妥協《だきょう》せずに努力しつくす。それが鎌田《かまだ》さんの日常《にちじょう》です。

✴命を育む者として

「まあ、座《すわ》って、アイスでも食べなさい」

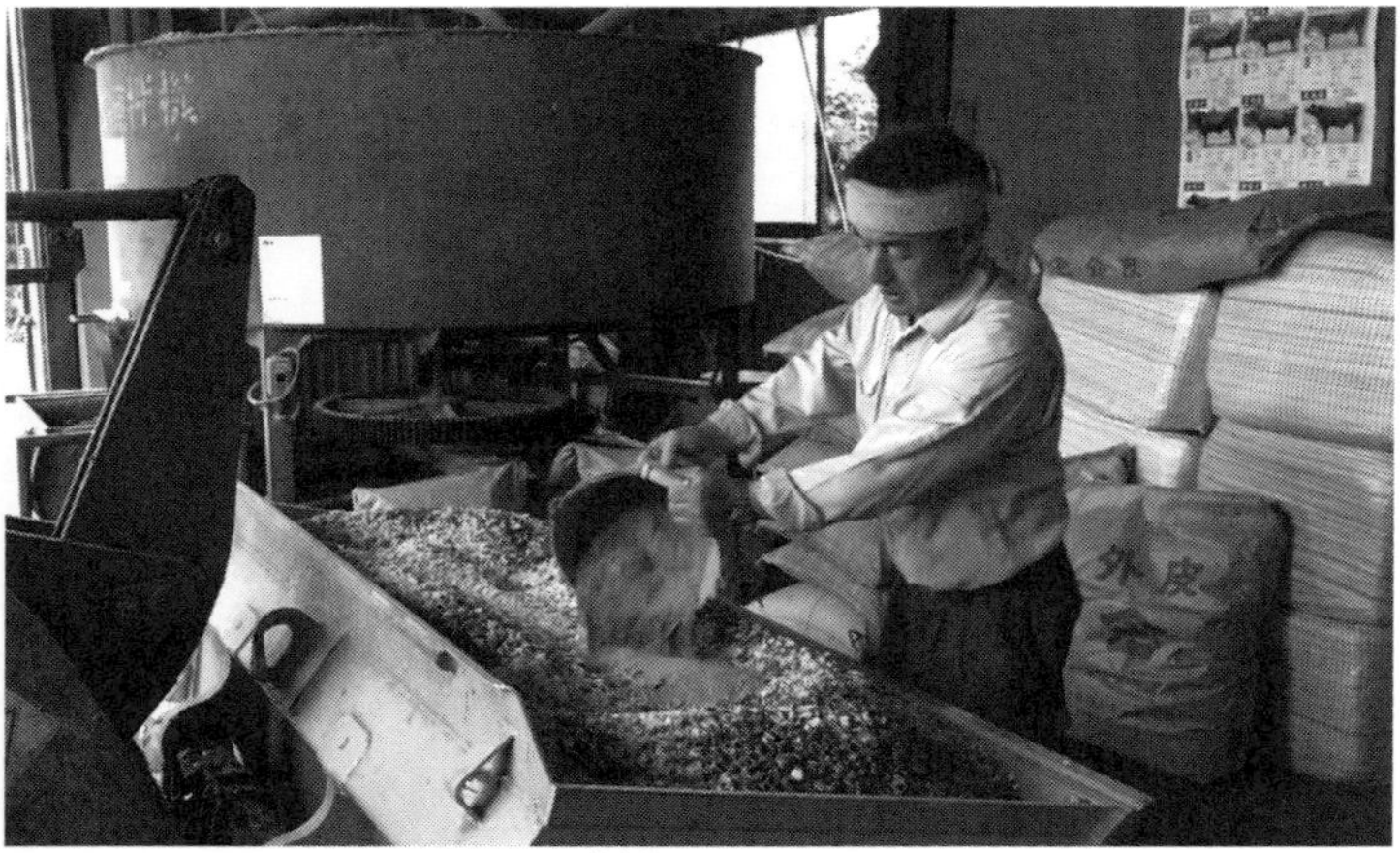

10種類以上の材料をつかった、独自《どくじ》のエサづくり。

作業場のすみにおかれた冷蔵庫《れいぞうこ》から、アイスをとりだして渡《わた》したのは小さな男の子たち。鎌田《かまだ》さんは3人の男の子のお父さんです。

おいしそうにアイスを食べる息子たちを愛おしそうに見つめています。

「宿題は？　せんとか？　あははは」

妻《つま》の幸美《ゆきみ》さんはともに働き、子どもたちはいつも両親のそばで遊んでいます。いそがしいながらもおだやかな日々《ひび》。けれど、かつてはそうではありませんでした。

鎌田《かまだ》さんが肉牛農家の仕事についたのは、24歳《さい》のときでした。

「肉牛農家はもうかる」

そう聞いて、地元宮崎《みやざき》の農場に就職《しゅうしょく》したことがきっかけでした。

負けずぎらいな性格《せいかく》から、朝はだれよりも早く牛舎《ぎゅうしゃ》に入り、６００頭の牛と向き合いました。

「1頭50万円で計算しても3億円じゃ。売上げをだすことが、自分がみとめられること。そのためにはやっぱりよい牛をつくっていかなしかたない」

鎌田《かまだ》さんは、牛を早く太らせようと、ひたすらエサをあたえ続けました。出荷した牛の8割《わり》を、肉牛の最高レベルに近い4等級以上に仕上げ、ノルマの倍を売り上げました。でも、鎌田《かまだ》さんは不満だったのです。

「なんでおれがやったのに最高級の5等級じゃねぇんか。ここまでしたのになんで霜降《しもふ》りが入っとらんのじゃ、この牛は！」

40歳のとき、鎌田《かまだ》さんは1億円のお金を借りて、肉牛農家として独立《どくりつ》しました。しかし間もなく、大きな壁《かべ》にぶつかります。いくらエサをあたえても、思うように牛たちが食べなくなったのです。

牛の血液《けつえき》や飲み水の水質《すいしつ》などを調べましたが、原因《げんいん》がわかりません。エサを食べないので質《しつ》のよい霜降《しもふ》り肉《にく》をつくれなくなり、売上げは下がってしまいました。

「どうしよう……」

鎌田《かまだ》さんはひどくあせりました。借金はまだたくさんあります。結婚《けっこん》もして、子どもも小さい。家族を養っていく責任《せきにん》もあります。

和牛の神様、愛情《あいじょう》の牛

鎌田秀利《かまだひでとし》

宮崎《みやざき》県内の牛舎《ぎゅうしゃ》。2010 年の口蹄疫《こうていえき》で、29 万頭もの家畜《かちく》が殺処分《さつしょぶん》された。

「これからどうなるやろ……」

そんな不安でいっぱいの最中に、大変な悲劇《ひげき》がおきたのです。

2010年春、おそろしい家畜《かちく》の伝《でん》染病《せんびょう》が宮崎《みやざき》県の牛を襲《おそ》いました。

「口蹄疫《こうていえき》がでた！」

そう聞かされたとき、鎌田《かまだ》さんは、ただこう言いました。

「ああ……」

あとは、ずっとだまったきり。事の重大さに、ことばが見つかりませんでした。

口蹄疫《こうていえき》は感染力《かんせんりょく》が高く、牛たちに次から次へとうつっていきます。病気になった牛は、肉牛として出荷はできません。感染《かんせん》を食い止めるためには、病気になった牛だけでなく、その疑《うたが》いのある牛まですぐに殺処分《さつしょぶん》しないといけないのです。

宮崎県《みやざきけん》では、これによって29万頭もの家畜《かちく》が殺されました。

鎌田《かまだ》さんの農場がある地域《ちいき》は感染地域《かんせんちいき》からはなれていたため、どうにか家畜《かちく》を殺さずに済《す》みました。けれど、想像《そうぞう》を絶《ぜっ》する牛たちの死を見て、鎌田《かまだ》さんは胸《むね》が張《は》りさけそうでした。

「人のためになる『食される死』と、『死んでいく死』っていうのは、くらべるものではない。畜産《ちくさん》農家にとって、家畜《かちく》が死ぬっていうのは一番の悲劇《ひげき》だ」

手塩にかけた牛たちを、すべて殺された同業者たち。それを見ると、鎌田《かまだ》さんは自分の手足をもがれるように、悲しく、つらかったのです。

5か月後、口蹄疫《こうていえき》はどうにかおさまりました。ところが、そのあとさらなる試練がまっていました。

食べても安全な肉を出荷しているのに、「宮崎《みやざき》の牛は病気だから食べたくない」という消費者が多く、宮崎牛《みやざきぎゅう》が売られなくなっていったのです。

口蹄疫《こうていえき》と、その後の風評被害《ふうひょうひがい》のせいで、宮崎《みやざき》県では1000軒《けん》を超《こ》える肉牛農家が仕事をやめてしまいました。

「産地を復活《ふっかつ》させるためには、質《しつ》のよい牛をつくって、消費者の信頼《しんらい》をとりもどすしかない」

のこった宮崎《みやざき》の肉牛農家はそう誓《ちか》いました。鎌田《かまだ》さんも同じ思いでしたが、あいかわらず、自分の牛たちは思うように育ってくれません。

「どうすればいいのか……」

不安におしつぶされそうな毎日でした。そんなとき、悩《なや》む鎌田《かまだ》さんの目に映《うつ》ったのは、ほかでもない牛でした。いつもと変わらず口を動かしてのんびりと干《ほ》し草《くさ》をはんでいます。

「牛は精《せい》いっぱい生きちょる……」

鎌田《かまだ》さんは気づきました。いま、目の前には生きている牛がいる。生まれてくる子牛もいる。それをしっかり育てていかなければ。

そして鎌田《かまだ》さんは、こう決めたのです。

2007年と2012年の２度、国内最大の品評会《ひんぴょうかい》で日本一になった。

「とことん、牛の立場で考えよう！」

それからは、日になんども牛たちを見て回りました。風通しはどうか。日当たりはどうか。ようすを見て、1頭1頭エサの配合や量を変えました。

「自分もな、野菜をそのまま1個《こ》だされても、食べる気はせんやろうからな。牛もいっしょよ」

そう考え、牧草も食べやすいようにと短く切りました。

「自分本位でやりはじめたら、いくらでも楽はできるからな。それしはじめたら、もう果てはない。自分と牛をつねに重ねて、同じ立場で物事を考えてやらんと。そうすることが、わたしらの仕事じゃ」

それから2年。鎌田《かまだ》さんの牛は、国内最大の肉牛の品評会《ひんぴょうかい》で、肉質《にくしつ》日本一に輝《かがや》いたのです。

「牛の飼育《しいく》に何が正解《せいかい》なのかはわからん。でも結果は、牛が教えてくれる」

そんな思いを胸《むね》に、鎌田《かまだ》さんは今日も、長靴《ながぐつ》がすりへるほど牛舎《ぎゅうしゃ》を歩き続けているのです。

✳わしが、ついちょる

「この長雨で、これに台風が来たらもう壊滅的《かいめつてき》になるなぁ」

ふり続く重い雨を、鎌田《かまだ》さんは牛舎《ぎゅうしゃ》から見つめています。

その夏の天候は異常《いじょう》でした。6月、7月の降水量《こうすいりょう》は、例年の倍以上。気温も高く、牛舎《ぎゅうしゃ》の中は、もうずっと蒸《む》し暑《あつ》い状態《じょうたい》です。牛と接《せっ》して30年の鎌田《かまだ》さんですが、その年は、かつてないきびしい夏をむかえていました。

環境《かんきょう》の変化に敏感《びんかん》な牛たちにとっても、この夏はつらそうです。ことに、生後数か月の子牛にとって、この異常《いじょう》気象は命に関わります。

7月半ばの朝。鎌田《かまだ》さんは、ある子牛の異変《いへん》に気がつきました。生後ひと月の子牛が立ち上がれなくなり、牛舎《ぎゅうしゃ》に寝《ね》たまま、ときおりおなかをけるような動きをしていたのです。

「ちょっと痛《いた》いねぇ。腹《はら》がね。パッと食いすぎたか?」

鎌田《かまだ》さんは、子牛の気持ちを察するようにやさしく声をかけました。

すぐに獣医《じゅうい》さんがかけつけました。獣医《じゅうい》さんは子牛に聴診器《ちょうしんき》を当て、体を触《ふ》れるなどして診察《しんさつ》すると、こう言いました。

「腸が軽くねじれたんでしょうね」

筋肉《きんにく》を緩《ゆる》める薬と点滴《てんてき》を打ち、ようすを見ることになりました。

治療《ちりょう》のあいだ鎌田《かまだ》さんは、たおれた子牛のそばにしゃがみ、体をなでていました。

「お昼すぎくらいには、『何があったっちゃろかい』っちゅうような顔にはなってくれるといいっちゃけどな……」

ところが2時間後。事態《じたい》は急変しました。子牛のようすを見に行った鎌田《かまだ》さんは、大声を上げました。

「おい！」

さけびながら、ぐったりとした子牛の頭をもち上げます。

「おいっ!!」

かけつけた妻《つま》の幸美《ゆきみ》さんに、鎌田《かまだ》さんは言いました。

「ちょっとひっぱってくれんか。きびしいがよ」

それは突然《とつぜん》のことでした。獣医《じゅうい》さんもなすすべがなく、子牛はそのまま息をひきとったのです。

原因《げんいん》はわかりません。鎌田《かまだ》さんにとっても、これまで経験《けいけん》のないことです。

「あまりにも急やから、ちょっとわからん……」

ところが、異変《いへん》はこれで終わりではありませんでした。

3日後。出産をひかえていた牛が、予定より1週間も早く産気づいたのです。

肉牛農家にとって、出産はもっともむずかしい仕事です。とくに夏場は、暑さのために、母牛も子牛も体力を消耗《しょうもう》するので危険《きけん》です。その上この異常《いじょう》気象。出産には最悪ともいえる環境《かんきょう》でした。

夜になりました。いよいよ出産のときが近づいています。鎌田《かまだ》さんはいつになく緊張感《きんちょうかん》をただよわせ、牛にストレスをかけないよう、近づこうとした息子たちにも「あっちへ行け」と手で合図をしました。

牛が息みだしたことを確認《かくにん》すると、自分も牛のそばをはなれます。遠くから見守りますが、子牛はなかなか産まれてきません。

「まだ?」

心配する息子に、鎌田《かまだ》さんはこうこたえました。

「まーだ。もうちょっとがんばらんといかん。お母さん牛もな」

いつになく長びく出産です。鎌田《かまだ》さんは、ある可能性《かのうせい》を考えていました。子牛の体勢《たいせい》がおかしく、どこかでひっかかっているのではないか?

鎌田《かまだ》さんはひとり、母牛のもとへと歩《あゆ》み寄《よ》りました。自ら、子牛をひきだすことにしたのです。

鎌田《かまだ》さんは、大きな母牛の体に左手をそえ、母牛の産道に右腕《みぎうで》を入れました。予感は的中。子牛の体勢《たいせい》がふつうとはちがっていたようです。

そうしてしばらく探《さぐ》っているうちに、子牛の足をつかみました。鎌田《かまだ》さんはそこにロープをかけます。

「よっしゃ、きた！」

ついに、母牛の体から、小さな足があらわれました。と同時に、おなかの中で子牛を取り囲んでいた液体《えきたい》が滝《たき》のように流れだしたのです。

「おい！」

鎌田《かまだ》さんは幸美《ゆきみ》さんを呼《よ》びました。

「ええか。だすぞ」

ふたりは息をあわせ、力をこめて子牛をひっぱります。1回。2回。

そして、3回目にひっぱった瞬間《しゅんかん》、子牛の顔があらわれました。鎌田《かまだ》さんがそれをかかえようとしたとき、子牛はつるんと産み落とされたのです。

「産まれた！　よっしゃ！」

母牛は泣きもわめきもしません。とても静かな出産でした。鎌田《かまだ》さんは、すぐに子牛の体をふきはじめました。

「男の子じゃ。ふつうより早いから、ちょっと小さい」

息子たちも、もうまちきれずにそばにきて、生まれたばかりの子牛を見つめています。

鎌田《かまだ》さんは最低限《さいていげん》の世話を終えると、母牛と子牛だけにして、牛の部屋からでました。

「やっぱり読みどおりやった。確認《かくにん》してよかったな」

夜11時すぎ。1日がかりの難産《なんざん》をやっと乗りきったのです。

でもまだ安心はできません。

予定より早い出産のせいで、母牛は41度の高熱をだしていました。母乳《ぼにゅう》もでません。このままでは子牛の命も危険《きけん》です。

鎌田《かまだ》さんは、牛の命を守るために賭《か》けにでることにしました。強い解熱《げねつ》作用をもつ薬をつかうことにしたのです。

その薬は、体内に入ってきた細菌《さいきん》などと戦う力も下げてしまうため、産後の牛につかうのには危険《きけん》をともないます。それでも親子を守るために、鎌田《かまだ》さんはふみきりました。

外はまだ雨。鎌田《かまだ》さんは夜遅《よるおそ》くまで、牛の親子を見守り続けました。

2日後。母牛の熱は、なんとか下がりました。けれど、まだ母乳《ぼにゅう》は十分にでていません。子牛は、お乳欲《ちちほ》しさに母牛の乳首《ちくび》にすいつき、なんどもなんども鼻先で乳房《ちぶさ》をおしています。

鎌田《かまだ》さんは、かわりに粉ミルクを飲ま

母乳《ぼにゅう》を欲《ほ》しがり、鼻先を母牛におしつける子牛。

母牛を少しでもリラックスさせるため、よごれたゆかを掃除《そうじ》する鎌田《かまだ》さん。

せようとしましたが、子牛は激《はげ》しく身をよじってそれをこばみました。

「よーし、わかった、わかった。やめよう、やめよう」

いっそ親からひきはなし、無理にでも人工的に育てる方法もあります。でもこの子牛は母乳《ぼにゅう》を欲《ほ》しがり、母牛も、懸命《けんめい》にそれにこたえようとしています。我《わ》が子《こ》をやさしくなめながら、必死に母乳《ぼにゅう》をだそうとしているのです。

そんな、親子がいやがることを、鎌田《かまだ》さんはしたくはありませんでした。

「牛に対しての礼儀《れいぎ》じゃないけどな、ここまで親牛が一生懸命《いっしょうけんめい》にやっとる。

子どもを育てようという力、それに勝るものはないやろな。これを一番だいじにしたいじゃない」

しかし、水分と最低限《さいていげん》の栄養は補給《ほきゅう》できたとしても、こんな状態《じょうたい》が長引けば、子牛の発育に影響《えいきょう》します。

いまの自分に何ができるか。鎌田《かまだ》さんは考え続けました。そして、はちまきをしめ直すと、雨でよごれたゆかを掃除《そうじ》しはじめたのです。せめて母牛を、少しでもリラックスさせたいと思ったからです。

「牛の育て方にこたえはないよ。こたえをだそうとかっちゅうふうな考え方で、算数式に牛と向き合えるのかって言ったら、そういうもんじゃない。そこに人間がこたえを求めること自体が、わしは失礼なことじゃと思う。どの牛も精《せい》いっぱい生きる。その30か月っていう期間を、どれだけ精《せい》いっぱい真剣《しんけん》に向き合うか。それがこたえじゃと思う」

鎌田《かまだ》さんは、生きようとする親子をあえて手助けせず、ぎりぎりまで辛抱《しんぼう》することにしたのです。

出産から2週間がすぎました。

「えらいがね！　うちの牛は。ちゃんと飲んどるがね！」

ではじめた母牛の乳《ちち》を、子牛は力強く飲んでいました。

「よくばるぐらいに元気になったやん。これでなきゃいかん！」

鎌田《かまだ》さんは、そんな親子を、くしゃくしゃの笑顔で、ずっと見つめていました。

「牛はこたえてくれたんや。あとは牛の力を信じて、わしらはいつもどおりに仕事をしていって、環境《かんきょう》ととのえてやるだけよ」

それ以上のことはできない。そう言って鎌田《かまだ》さんは、いつものように牛舎《ぎゅうしゃ》の見回りをはじめました。


その日は、月に1回の牛の出荷の日です。

鎌田《かまだ》さんは、育てた牛に、ていねいにブラッシングをし、ロープでつなぎました。

「よしよしよし。すべるなよ、すべるな。よしよし。すべらんようにいけよ」

ひかれていく牛の後ろを歩きながら、やさしく声をかけ続けます。

トラックに乗せられた牛を見上げ、「お利口さんじゃ」とつぶやく鎌田《かまだ》さん。その表情《ひょうじょう》は、やはりとてもさびしそうです。

「まあ、いろんなこと考えると、ちょっと、やっぱりこう、じーんとくるもんがあるな」

そうつぶやくと、鎌田《かまだ》さんは、目じりをさっとぬぐいました。大切に育てた牛を加工場に出荷する。割《わ》りきれるかと言われたら、かんたんに割《わ》りきれるものではありません。

そうして牛を乗せたトラックが動きだすと、鎌田《かまだ》さんはしばらく見送りましたが、やがて自分に言い聞かせるように、

30か月、愛情《あいじょう》をこめて育てた牛を見送る鎌田《かまだ》さん。

こう言いました。

「よし！　これでまたがんばりますか」

手塩にかけた牛も、やがて必ず鎌田《かまだ》さんのもとをはなれ、食肉となります。それが肉牛農家という仕事なのです。

「でも、なんらかの形で人のお役には立てるのかな。そういうふうに思えば、こういう仕事もありかなと思う」

たとえいつか別れる牛でも、精《せい》いっぱいの愛情《あいじょう》をこめる。だって牛が大好きだから。

「生まれ変わっても必ず牛飼《うしか》いになる。これ以上の仕事はない」

そう言いながら鎌田《かまだ》さんは、また牛舎《ぎゅうしゃ》へともどっていきました。

和牛の神様、愛情《あいじょう》の牛

鎌田秀利《かまだひでとし》

プロフェッショナルとは

プロフェッショナルな、わしはそんなもんじゃないけどな。なんやろね。都合のいい妥協《だきょう》をしないことやろね、何事にもね。一生牛と向き合わないかんからな、わしらはな。そこに妥協《だきょう》があったら、失礼やろうで。

第280回2015年11月9日放送

こんなところがプロフェッショナル！

愛情《あいじょう》をもって牛を育てる、鎌田秀利《かまだひでとし》さん。
こんなところがすごいよ。

とにかく動き回る

朝6時から深夜まで、ほとんど食事をとらずに牛舎《ぎゅうしゃ》で働き続ける鎌田《かまだ》さん。365日、1日も休まずに牛に寄《よ》りそい、牛とともに生きる生活です。

史上初の2連覇《れんぱ》

5年に1度おこなわれる、日本一の和牛を決める品評会《ひんぴょうかい》で、2007年と2012年で史上初の2連覇《れんぱ》をなしとげている鎌田《かまだ》さん。きめ細かい脂肪《しぼう》のつまったその霜降《しもふ》り肉《にく》は、通常《つうじょう》の5倍の値段《ねだん》がつきます。

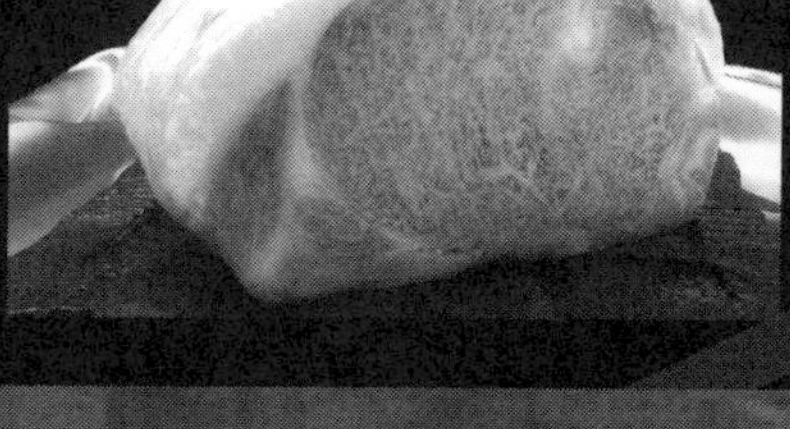

世界に誇《ほこ》る霜降《しもふ》り肉《にく》

現在《げんざい》、世界からも注目されている霜降《しもふ》り肉《にく》は、日本で独自《どくじ》に発展《はってん》した技術《ぎじゅつ》です。鎌田《かまだ》さんたちが霜降《しもふ》り肉《にく》を育てることは、日本の農家の未来にとって大きな可能《かのう》性《せい》でもあるのです。

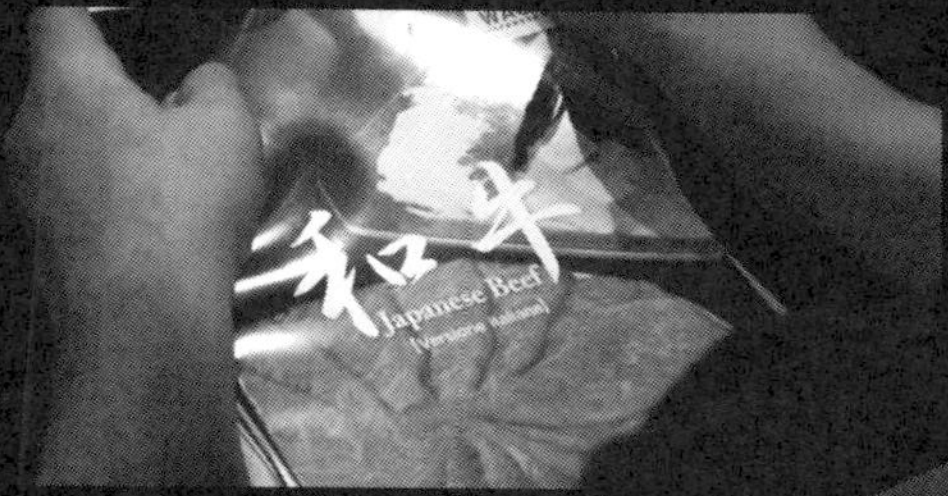

一生向き合い続ける仕事

自分の命をささげて精《せい》いっぱい生きる牛たちにこたえるため、鎌田《かまだ》さんはこの先もこの仕事を続けていきます。牛の能力《のうりょく》を最大限《さいだいげん》にひきだし、命をまっとうさせるのが自分の責任《せきにん》だと考えているのです。

プロフェッショナルの格言《かくげん》

徹底的《てっていてき》に牛と向き合う、鎌田秀利《かまだひでとし》さんのことばを心にきざもう。

とことん、牛の立場で考えよう

つねに自分と牛の気持ちを重ね、じっくりと注意深く観察する鎌田《かまだ》さん。牛は、わずかな環境《かんきょう》の変化でも体調をくずしてしまうため、目に見えない部分の変化まで感じとり、環境《かんきょう》をととのえることが大切なのです。

1頭1頭の牛にあわせる

どんなに手間がかかっても、けっして牛がいやがることをしないのが鎌田《かまだ》さんの流儀《りゅうぎ》。1頭1頭の牛にあわせた徹底的《てっていてき》な栄養管理やエサの配分は、ほかの農家から「神業《かみわざ》」とよばれるほどです。

精《せい》いっぱい、命に向き合ったか

鎌田《かまだ》さんの育てる牛は、生後約30か月で加工場に出荷されます。牛たちが精《せい》いっぱい生きるその期間を、自分も妥協《だきょう》せず、精《せい》いっぱいの愛情《あいじょう》をこめて真剣《しんけん》に向き合ったか。鎌田《かまだ》さんはつねに自分に問いかけています。

それでも、海を信じている

カキ養殖《ようしょく》

畠山《はたけやま》重篤《しげあつ》

三陸《さんりく》の気仙沼《けせんぬま》に、カキ養殖《ようしょく》を半世紀も続ける男がいる。
環境《かんきょう》破壊《はかい》で死にかけた海を守りぬき、
全国屈指《くっし》と言われる、極上のカキを育て上げてきた。
ところが、2011年3月11日、
その海をあの大津波《おおつなみ》が襲《おそ》った。
養殖場《ようしょくじょう》も加工場も、育っていたカキも、
波はすべてをさらっていった。
それでも男は、けっして下を向こうとはしない。
跡《あと》を継《つ》ぐ息子も、そんな父の生き方をずっと見てきた。
きばをむく海、立ちはだかる復活《ふっかつ》への壁《かべ》。
ふたりは海を信じ、海とともに生きようとする。
津波《つなみ》から8か月、地域《ちいき》の再生《さいせい》をかけた親子の戦いとは！

✴波にのまれた養殖場《ようしょくじょう》

早朝の東京築地《とうきょうつきじ》市場に、宮城《みやぎ》県の気仙沼《けせんぬま》からあるものが届《とど》きました。その冬はじめてのカキです。

「ぷっくりしてて、いいね」

気仙沼《けせんぬま》で養殖《ようしょく》されたカキは味が濃厚《のうこう》で全国屈指《くっし》の品質《ひんしつ》を誇《ほこ》ります。市場の仲買人も、そのカキを見て感動しています。

「今年は三陸《さんりく》のカキはもうダメなのかなと思ってた。あの状況《じょうきょう》でこのカキがくるなんて、信じられない」

2011年3月11日におきた東日本大震災《ひがしにほんだいしんさい》。午後3時20分に、気仙沼《けせんぬま》をあの大津波《おおつなみ》が襲《おそ》ったのです。

気仙沼《けせんぬま》の舞根《もうね》地区では、50軒《けん》あまりあった家屋も3軒《けん》をのこしてすべて波にさらわれ、カキの養殖場《ようしょくじょう》もすっかり流されてしまいました。

なのに、その舞根《もうね》からその年のうちにカキが出荷されるなんて、だれが考えても

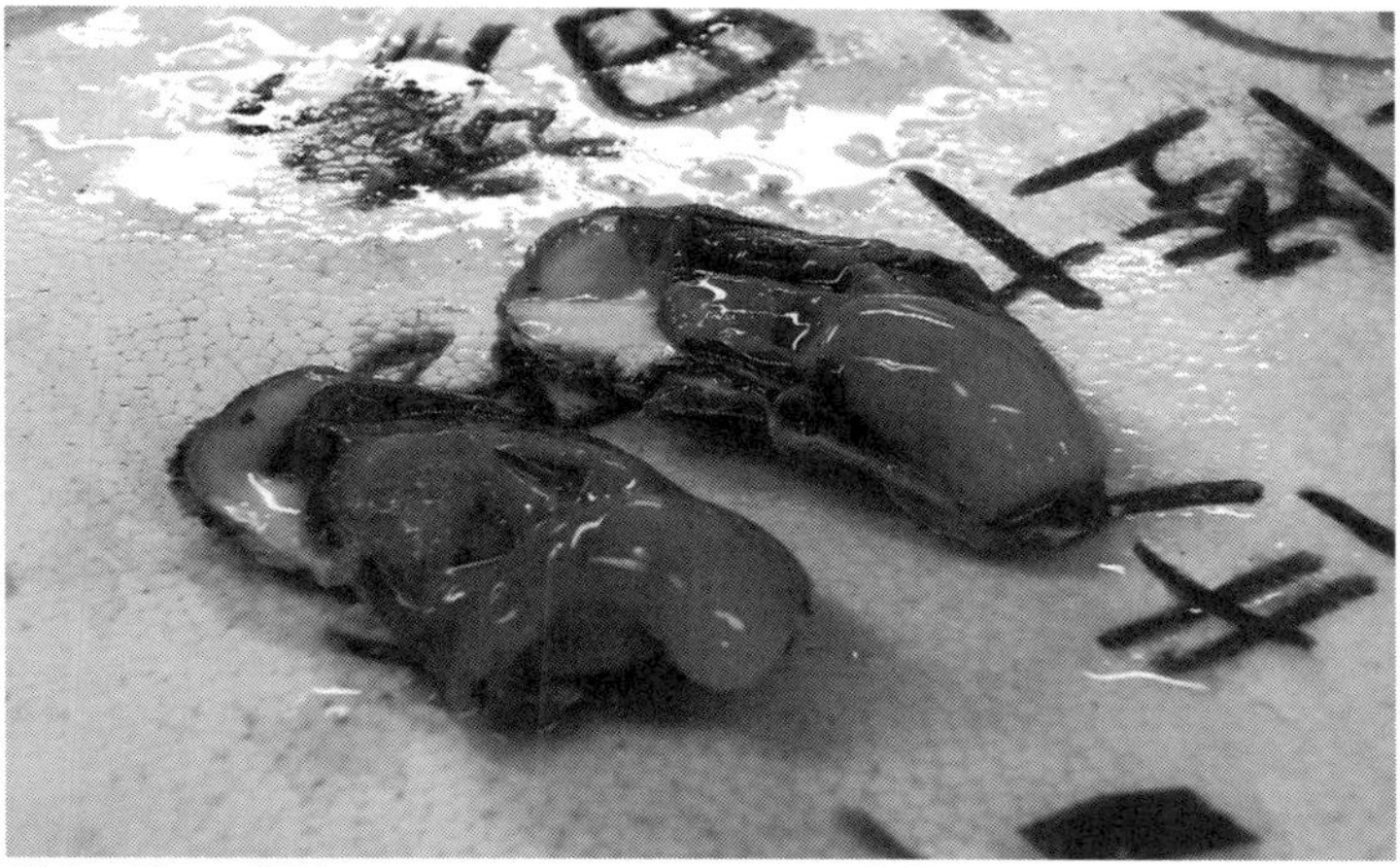

築地《つきじ》に届《とど》いた濃厚《のうこう》なカキ。出荷までには戦いの日々《ひび》があった。

奇跡《きせき》だったのです。

復興《ふっこう》の先頭にたったのは、カキ養殖《ようしょく》を半世紀以上も手がけてきた畠山重篤《はたけやましげあつ》さん、68歳《さい》。

畠山《はたけやま》さんは、いまだかつてないような災害《さいがい》にあっても、けっして下を向きませんでした。

「百戦錬磨《ひゃくせんれんま》だから、だいじょうぶ」

そう言って、津波《つなみ》がさらっていった地区を見下ろしていました。

その背中《せなか》を、それまでカキ養殖《ようしょく》と向き合い続けてきた戦いの日々《ひび》が後押《あとお》ししていたのです。

✴下を向いてはいけないよ

畠山《はたけやま》さんは、2歳《さい》のときから気仙沼《けせんぬま》で育ちました。父の仕事はカキの養殖《ようしょく》。畠山《はたけやま》さんも地元の水産高校に進み、卒業後すぐに父の仕事を継《つ》ぎました。

「舞根《もうね》の海のことは、だれよりもよく知っている。その知識《ちしき》を生かして、とびきりのカキを育てよう」

そう心に決め、カキを育てるイカダをおく場所から、この海に合うカキの品種まで、とことんこだわりました。するといつしか、畠山《はたけやま》さんのカキはおいしいと評判《ひょうばん》になったのです。

ところが、時は1960年代。環境《かんきょう》を守ることより、産業を活発にすることを優《ゆう》先《せん》した高度《こうど》経済成長期《けいざいせいちょうき》の時代です。各地で公害問題がおき、畠山《はたけやま》さんがカキを育てる気仙沼湾《けせんぬまわん》にも、赤潮《あかしお》が発生するようになったのです。

赤潮《あかしお》は、よごれた海や川で育つプランクトンが異常《いじょう》に増《ふ》え、海を赤く染《そ》めることです。栄養豊富《ほうふ》な排水《はいすい》が、川や海へ流されることなどによっておこります。

プランクトンはカキの出来を左右します。カキは、1日にドラム缶《かん》1本分もの海水を吸《す》いこみ、そこに含《ふく》まれる植物プランクトンを食べて育つためです。赤潮《あかしお》にさらされたカキはその影響《えいきょう》をもろに受け、その身が真っ赤に染《そ》まってしまいました。血のように赤いカキは気味悪がられ、だれにも買ってもらえません。畠山《はたけやま》さんたちの収入《しゅうにゅう》は激減《げきげん》。同業者は次々《つぎつぎ》とカキづくりをやめて海からさっていきました。

「このままカキが売れなかったら、従業員《じゅうぎょういん》に給料がはらえない……」

畠山《はたけやま》さんも仕事をやめることを考えはじめました。すると、母の小雪《こゆき》さんがこう言いました。

「笑顔でいなさい。下を向いていてはいけないよ」

小雪《こゆき》さんは、こまったときでも深刻《しんこく》にとらえず、ユーモアで切りぬけていこうとするお母さんでした。そんな母に励《はげ》まされ、畠山《はたけやま》さんはつとめて笑顔でがんばったのです。

ちょうどその頃《ころ》、畠山《はたけやま》さんにある転機がやってきました。知り合いの招《まね》きで、カキ養殖《ようしょく》の本場であるフランスに視察《しさつ》に行く機会を得たのです。

そこでは、大西洋《たいせいよう》に注ぐロワール川の河口《かこう》で、みごとなカキが育てられていました。それを見た畠山《はたけやま》さんは地元の人に聞きました。

「ここではどうして赤潮《あかしお》が発生しないいんですか？」

すると思いもしないこたえが返ってきました。

「わたしたちは森を手入れしている。森は海のおふくろなんだ」

畠山《はたけやま》さんは、はっとしました。そして、帰国するとすぐに気仙沼湾《けせんぬまわん》に注ぐ大川《おおかわ》を上流へとたどり、山へ向かっていったのです。

そこで畠山《はたけやま》さんが目にしたのは、おどろきの光景でした。昔は森だった場所が、木を切られ、はげ山になっています。カキは、ケイソウ類という種類のプランクトンを好んで食べます。そのプランクトンを育てる養分は、森の落ち葉が分解《ぶんかい》された腐葉土《ふようど》の中に含《ふく》まれ、その養分は川をつたって海に流れるのです。

「こんな伐採《ばっさい》された落ち葉のない山の土に、養分があるわけがない。これが赤潮《あかしお》の原因《げんいん》だ」

そう確信《かくしん》した畠山《はたけやま》さんは、すぐ役場に話をして、山に木を植える許《ゆる》しをもらいました。そして、時間をつくっては山へとかよい、たったひとりで土を耕《たがや》し、木を植えはじめたのです。

ところがその矢先、さらにとんでもない知らせがまいこみました。大川《おおかわ》の源流《げんりゅう》を水没《すいぼつ》させて、ダムをつくる計画が進んでいるというのです。

「海を守るために森を守るという考えを、どうしたら人々《ひとびと》にわかってもらえるのだろう」

畠山《はたけやま》さんは必死に考え、森と海とのつながりを研究している学者をたよることにしました。それは、北海道《ほっかいどう》大学で教授《きょうじゅ》をしていた松永勝彦《まつながかつひこ》さん。松永《まつなが》さんは、

気仙沼湾《けせんぬまわん》上流の山は、森が切られ、荒《あ》れはてていた。

いつも笑顔を絶《た》やさなかった畠山《はたけやま》さんの母、小雪《こゆき》さん。

「海の環境《かんきょう》をよくするには、山の腐葉土《ふようど》に含《ふく》まれる鉄が欠かせない」と説いていました。それは、畠山《はたけやま》さんがフランスで聞いた話をうらづけるものです。

しかし、それはまだ新しい考えで、気《け》仙沼《せんぬま》の海と森でそれを証明《しょうめい》するには、調《ちょう》査《さ》に数百万円ものお金がかかると教授《きょうじゅ》は言います。

従業員《じゅうぎょういん》のお給料にもこまっている畠山《はたけやま》さんには、そんな大金はどこにもありません。

絶望《ぜつぼう》していると、ある夜、母の小雪《こゆき》さんが畠山《はたけやま》さんに声をかけました。

だまってさしだしたのは封筒《ふうとう》。中を開

くと、たくさんのお金が入っていました。それは、いつか船を新しくするときのために、小雪《こゆき》さんがこつこつとためていたお金でした。

小雪《こゆき》さんはいつもの笑顔で、畠山《はたけやま》さんに魔法《まほう》のことばをかけました。

「下を向いてはいけないよ」

そしてさらに、こう言ったのです。

「自分のやり方をつらぬきなさい」

自分の考えでやることは、失敗しても人のせいにはできない。それでも自分の信念をつらぬけ。畠山《はたけやま》さんは母にそう言われた思いがしました。

迷《まよ》いは吹《ふ》っきれました。

畠山《はたけやま》さんはそのお金で、松永《まつなが》さんとともに2年ものあいだ調査《ちょうさ》を行いました。すると、気仙沼湾《けせんぬまわん》の海水にふくまれる鉄の9割《わり》が、山から大川《おおかわ》をたどってもたらされていたことが確《たし》かめられたのです。

この調査《ちょうさ》結果は大きな反響《はんきょう》をよび、ダム計画は中止になりました。

それからというもの、畠山《はたけやま》さんは植林活動にそれまで以上の力を注ぎました。

「カキには人が映《うつ》る」

畠山《はたけやま》さんはそう言います。

「カキってね、内臓《ないぞう》ごと食わなきゃいけない。だから、人間が水をよごしてしまうとカキもよごれるし、その味にも影響《えいきょう》がでる。結局人間に行きつくわけ。カキはね、先生なんだよ」

やがて森づくりの輪は、地域《ちいき》の人々《ひとびと》のあいだにも広がり、大きなうねりになっていきました。定期的に植樹祭《しょくじゅさい》を開き、畠山《はたけやま》さんたちは、ブナやミズナラなどの木を何万本も植えたのです。

そうして木を植えはじめて7年がたったとき、ある変化がおきました。夏には

写真：NPO法人 森は海の恋人

現在《げんざい》もおこなわれている植樹祭《しょくじゅさい》には、毎年 1000 人以上の人が集まる。

枯《か》れていた山の水が、再《ふたた》びわきだしたのです。植えた木々《きぎ》が森の土を豊《ゆた》かにし、緑のダムとなって、雨水をつなぎとめたのでした。

きれいな水をたたえる大川《おおかわ》に、イワナやヤマメなどの川魚がもどってきました。

さらに3年後。ついに舞根《もうね》の海から赤潮《あかしお》が消えました。再《ふたた》び真っ白なみごとなカキがとれるようになったのです。

ところが……。

✳海にしずんだ養殖場《ようしょくじょう》

赤潮《あかしお》が消えてから12年後の2011年3月11日、東日本大震災《ひがしにほんだいしんさい》がおこりました。三陸《さんりく》の海を襲《おそ》った大津波《おおつなみ》は、何もかもを飲みこんでしまいました。

畠山《はたけやま》さんは高台にある自宅《じたく》にいたため、命を取りとめました。妻《つま》や子どもたちも無事。けれど、いつも畠山《はたけやま》さんの味方をしてくれた母の小雪《こゆき》さんは、津波《つなみ》にのまれて亡《な》くなりました。

それから1週間後。畠山《はたけやま》さんは、悲しみをこらえて浜《はま》に立っていました。

「ここが、貝を生かしておく水槽《すいそう》があった場所」

「ここが貝の加工場」

そう思って歩きますが、ほんの1週間前まであった日常《にちじょう》の光景は、もうどこにもありません。地元の人たち20人あまりが働いていた養殖施設《ようしょくしせつ》は、すべて失われていました。

2年もかけて育て、出荷をひかえていた極上のカキは、百万個《こ》すべてが海の底にしずみ、被害総額《ひがいそうがく》は2億円。のこされたのは、畠山《はたけやま》さんの自宅《じたく》におかれていた、

舞根《もうね》地区の家屋は波にさらわれ、養殖再開《ようしょくさいかい》のめどはまったく立っていなかった。

震災当日《しんさい》に出荷できなかったカキだけです。

畠山《はたけやま》さんは、発泡《はっぽう》スチロールの容器《ようき》からカキをとりだし、殻《から》を開けてみました。その身はぷっくりとし、冷蔵庫《れいぞうこ》に入れていたわけでもないのに、傷《いた》んでいませんでした。

「カキって、もつもんだねぇ」

畠山《はたけやま》さんはおどろきながら、そのカキをすべて避難所《ひなんじょ》へと届《とど》けました。避難《ひなん》している人に食べてもらうためです。

「まあしばらくカキも食えないでしょう。もう、こんな大きくなるまでね」

そう言って、さびしそうに笑います。

養殖再開《ようしょくさいかい》のめどは、まったくたっていません。舞根《もうね》の海は、海底に泥《どろ》がたまり、豊《ゆた》かだった生態系《せいたいけい》はほぼ破壊《はかい》されていました。でも畠山《はたけやま》さんは、下を向くつもりはありません。養殖《ようしょく》の仕事をあきらめるつもりは、まったくありませんでした。

海を、信じる

現在《げんざい》のカキ養殖《ようしょく》は、イカダからつるす方法が主流。

「わたしは海が好きだ。意地でも養殖《ようしょく》を復《ふっ》活《かつ》させよう」

それから2か月後の5月28日。畠山《はたけやま》さんは、集落の仲間に呼《よ》びかけ、養殖《ようしょく》の再開《さいかい》に向けて働いていました。頬《ほほ》やあごは、いつのまにか白いひげにおおわれ、仙人《せんにん》のようです。

「せ〜のっ！」

4人がかりで運ぶのは長い丸太。何十本という丸太を組んで、イカダをつくるのです。カキの養殖《ようしょく》は、海に浮《う》かべたイカダにつるしておこなわれるからです。

でも、イカダができても、そこにつるすカキを手に入れるあてはありません。カキ

それでも、海を信じている

畠山重篤《はたけやましげあつ》

の赤ちゃんの「稚貝《ちがい》」は、少しはなれた石巻《いしのまき》市の漁師《りょうし》に育ててもらっていますが、石巻《いしのまき》も津波《つなみ》の大きな被害《ひがい》を受けていました。それに、稚貝《ちがい》が手に入ったとしても、カキが育つ海の生態系《せいたいけい》が回復《かいふく》していないのです。

それでも畠山《はたけやま》さんは希望をもっていました。頭の中には、こんな記憶《きおく》がよみがえっていました。

それは51年前の１９６０年のこと。南米《なんべい》のチリ近海でおきた超巨大地震《ちょうきょだいじしん》が大津波《おおつなみ》を発生させ、それは太平洋《たいへいよう》を越《こ》えて日本にまで届《とど》きました。気仙沼《けせんぬま》市のある三陸《さんりく》海岸も、６メートルを超《こ》える津波《つなみ》が襲《おそ》ったのです。

そのとき畠山《はたけやま》さんはまだ16歳《さい》でしたが、当時のことをよくおぼえていました。津波《つなみ》によって海底の泥《どろ》の中から栄養分がとけだし、ふつうは２年近くかけて育つカキが、わずか半年で育ったのです。

「津波《つなみ》のあった年は、カキが早く育つ。今回もそうなるかもしれない……」

もうひとつ、畠山《はたけやま》さんには、養殖《ようしょく》の再開《さいかい》を急ぐ理由がありました。この舞根《もうね》地区は、３分の１以上の世帯がカキ養殖《ようしょく》でお金をかせぎ、暮《く》らしをたてています。

稚貝《ちがい》のようすを見る、畠山《はたけやま》さんの長男、哲《てつ》さん。

家も船も流され、もう養殖《ようしょく》はやめようと絶望《ぜつぼう》している人たちを、少しでも元気づけたかったのです。

「イカダをつくるっていうのは、復興《ふっこう》の兆《きざ》しだからね」

畠山《はたけやま》さんはほほ笑みながら、つかうあてのないイカダに釘《くぎ》を打ち続けました。

✳海はもどってくる

6月上旬《じょうじゅん》。東北《とうほく》に梅雨《つゆ》がやってきました。養殖再開《ようしょくさいかい》に向けて動きはじめた畠山《はたけやま》さんでしたが、このところ体の調子がよくありません。原因《げんいん》は過労《かろう》。体重も3、

4キロへって、少し頬《ほほ》もこけて見えます。地域《ちいき》の仲間との打ち合わせのときも、その輪をはなれて、部屋のすみで横たわってしまいました。

そうこうするうちに畠山《はたけやま》さんは、風邪《かぜ》が悪化して気管支炎《きかんしえん》になり、病院に運ばれました。医師《いし》からは海で働くことを止められ、自宅《じたく》でゆっくり休むように言われてしまったのです。

そんな畠山《はたけやま》さんのもとにうれしいニュースが飛びこんだのは、6月20日です。三陸《さんりく》では壊滅状態《かいめつじょうたい》だと思われていたカキが、石巻《いしのまき》で生きのこっていたのです。津波《つなみ》で打ち上げられている稚貝《ちがい》が、偶然《ぐうぜん》見つかったといいます。舞根《もうね》まで運ばれてきた稚貝《ちがい》にかけ寄《よ》ったのは、畠山《はたけやま》さんの長男の哲《てつ》さんでした。

それはとても少ない量でしたが、それでも生きています。

「あってよかった！　このまま生きてくれればいいんだけど」

無事に育ってくれるのかとても心配ですが、それは希望の種なのです。

哲《てつ》さんは稚貝《ちがい》をロープにつけ、父たちとつくったイカダにつるしていきました。

その頃《ころ》、舞根《もうね》の海にも変化が見えていました。それを確認《かくにん》したのは、畠山《はたけやま》さんの三男の信《まこと》さんです。

生物の専門的《せんもんてき》な知識《ちしき》をもつ信《まこと》さんは、震災《しんさい》直後から海の生態系《せいたいけい》のようすを調べていました。頭にタオルをまき、半袖《はんそで》半ズボン姿《すがた》の信《まこと》さんは、浜《はま》で大きな網《あみ》を手に、海から何やらすくいとっています。

「ボラだー！」

4匹《ひき》の小さな魚を手にとり、信《まこと》さんはうれしそうに笑いました。

次にすくいとったのは、藻《も》の仲間。毎年この時期に発生する藻《も》です。

「案外津波《つなみ》の影響《えいきょう》がでてないなぁ。まあ、よくある海のパターンだ」

さらに、タマキビ、イシダタミといった貝の仲間もとれました。

津波《つなみ》の直後はまったく生き物を見かけなかった海でしたが、1か月ほどで姿《すがた》を見せると、そこから爆発《ばくはつ》するように一気に増《ふ》えたのだといいます。

畠山《はたけやま》さんは、息子たちにいつもこう言っていました。

「海はすぐに回復《かいふく》する」

そのことばが本当だったことを、信《まこと》さんは実感していました。

カキの稚貝《ちがい》は、例年より２倍近い早さで成長をとげていた。

8月4日。畠山《はたけやま》さんが、久《ひさ》しぶりに海に姿《すがた》を見せました。哲《てつ》さんから聞いていたカキの稚貝《ちがい》の成長が、気になってしかたがなかったのです。

自ら船を操縦《そうじゅう》し、カキのイカダまでくると、つるしたロープをひき上げました。海で育てて1か月になるカキが、上がってきました。

「おお、もうのびてきてる！」

カキの稚貝《ちがい》は、いつもの年より2倍近い早さで成長していました。成長した部分は白く見えます。

「ほら、カキがこんな真っ白になって、

花咲《さ》いたようだよ。カキの花が」

体調の悪さをこらえてイカダに立った畠山《はたけやま》さんは、少し足元がふらつきます。それでもうれしくてたまりません。

カキが大きく成長しているということから、海にはカキの食べ物となるプランクトンも多いことがわかります。畠山《はたけやま》さんは、長いロープに等間隔《とうかんかく》でつけられたカキをどんどんひき上げて、愛おしそうに見つめました。そして、あらためて思ったのです。

「海は何もこわれてない。イカダを浮《う》かべて、カキの種を下げてやれば、あっというまに大きくなる。海はもどってくるんだよ」

少し元気になった畠山《はたけやま》さんは、体調のよい日に、久《ひさ》しぶりに舞根《もうね》の子どもたちを船に乗せて沖《おき》へ出ました。

「涼《すず》しいなあ。あははは」

ひげにおおわれた笑顔で話しかけるのは、海からはなれた仮設住宅《かせつじゅうたく》で暮《く》らす子どもたちです。

津波《つなみ》に家をうばわれ、海のおそろしさを目の当たりにした子どもたち。それでも、豊《ゆた》かな水をたたえる故郷《こきょう》の海を心にきざんで欲《ほ》しい。畠山《はたけやま》さんはそう願っています。その思いにこたえるように、子どもたちは波しぶきを受けて、はしゃいでいました。

✴海を受《う》け継《つ》ぐ

畠山《はたけやま》さんの体調が悪いあいだ、中心になって仕事をしているのは、長男の哲《てつ》さんです。

哲《てつ》さんは、カキづくりの経験《けいけん》がまだ長くありません。それでも畠山《はたけやま》さんは、細かな指示《しじ》をだすことはしません。仕事は、自分で経験《けいけん》しないとわからない。大変さを乗りこえて、自分しかできない技術《ぎじゅつ》を身につけて欲《ほ》しい。そう願っていたのです。

カキの養殖《ようしょく》は、夏からがだいじなシーズン。収穫《しゅうかく》に向けた準備《じゅんび》はもちろん、来年以降《いこう》への、稚貝《ちがい》のしこみもはじまります。

カキは、水温の高い8月に、海中で数回大量の卵《たまご》を生みます。「放卵《ほうらん》」とよばれるその現象《げんしょう》にあわせてホタテの殻《から》を海にしずめることが、カキ養殖《ようしょく》の第一歩。ホタテの殻《から》にカキの卵《たまご》を付着させる、「種つけ」をするのです。

その作業は、石巻《いしのまき》でおこなわれるので、少し前の7月の終わりに、哲《てつ》さんは石巻《いしのまき》へ行っていました。浜《はま》に積まれているのは、大量のホタテの殻《から》。哲《てつ》さんはそれにふれながら、内心とても不安でした。

カキがだす卵《たまご》をキャッチできるチャンスは、夏の1か月のあいだで数回と限《かぎ》られています。ホタテの殻《から》をいつしずめるのかを決めるのは、経験《けいけん》とかん

■ カキの種つけ作業

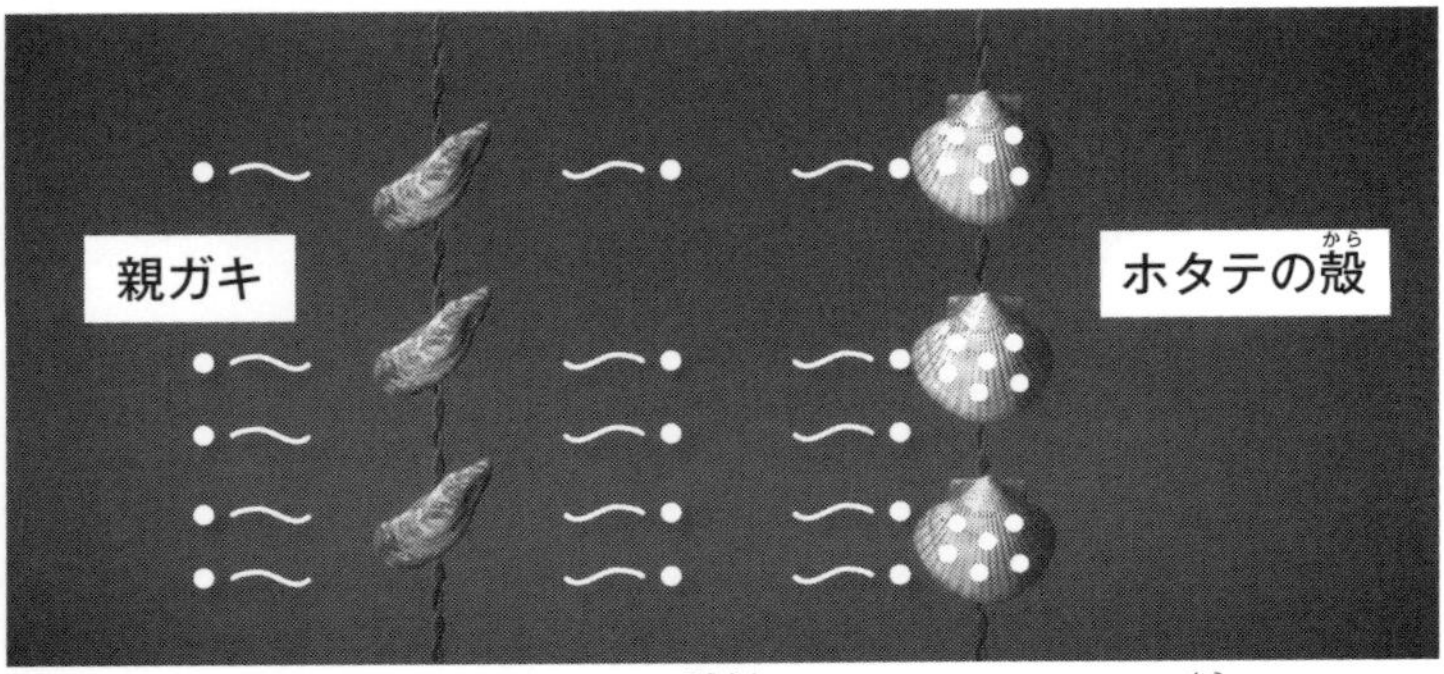

夏のあいだに数回だけある親ガキの放卵《ほうらん》にあわせて、ホタテの殻《から》を海にしずめ、カキの卵《たまご》を殻《から》に付着させる。

それでも、海を信じている

畠山重篤《はたけやましげあつ》

がたより。おまけに今年は、卵《たまご》を産む親ガキそのものが津波《つなみ》で流され、この海に生きているかどうかもわかりません。

2週間前、哲《てつ》さんは調査《ちょうさ》のために、ホタテの殻《から》を少しだけ石巻《いしのまき》の海にしずめていました。まずはそれをひき上げます。

「あっ、もう結構《けっこう》ついてる」

ホタテの白い殻《から》に、黒い粒々《つぶつぶ》がたくさんついています。それがカキの卵《たまご》でした。例年より早く、すでに1回目の放卵《ほうらん》がおこっていたようです。

作業をお願いしている石巻《いしのまき》の人も言いました。

「今年は心配されたんだけんども、底にしずんだカキはやっぱり生きていたんでしょうね」

「来年はカキ養殖《ようしょく》は無理で、どこかへ出かせぎに行くのかなって心配していたけど、まあこの種を見たらカキをやっていたほうがよさそうですね」

哲《てつ》さんもひと安心です。ただ、問題がありました。今回はあくまで調査《ちょうさ》のためだったので、海にしずめたホタテの殻《から》はわずか。すでにチャンスを1回のがしてしまったのです。

例年なら、カキの放卵《ほうらん》はあと2、3回おこります。

「どのタイミングで、ホタテの殻《から》を入れればいいんだろう」

それは哲《てつ》さんにとってむずかしい判断《はんだん》でした。入れるのが早すぎると、ほかの微《び》生物《せいぶつ》や貝が先についてしまい、カキの卵《たまご》が入りこむ余地《よち》がなくなります。遅《おそ》いと卵《たまご》をのがしてしまいます。

哲《てつ》さんは、少しまつことにしました。ところがその後、石巻《いしのまき》には雨がふり続き、カキが卵《たまご》を産むのに適《てき》した水温に上がらなかったのです。

哲《てつ》さんはにくらしそうに雨を見つめて考えていました。

「まれに、放卵《ほうらん》は一度きりの場合もある。卵《たまご》がとれなかったら、来年以降《いこう》の仕事ができなくなる……」

それは畠山家《はたけやま》だけの問題ではありません。養殖場《ようしょくじょう》で働く舞根《もうね》の人たちが、来年の仕事を失うことになります。

「このまま、まっていてだいじょうぶなのかな……」

哲《てつ》さんは心配でたまりません。夜な夜な寝《ね》ないで考えていました。支出《ししゅつ》だけが増《ふ》えて、収入《しゅうにゅう》がまったくないまま、ずっとすごすことになりかねないのです。

「親父ならどうするだろう」

こんなとき哲《てつ》さんの頭に浮《う》かぶのは、いつも父の畠山《はたけやま》さんでした。

「親父も、これで本当にいいのかなって思いながら、いろいろ悩《なや》んで進んできたんだろうな……」

哲《てつ》さんは悩《なや》んだ末、覚悟《かくご》を決めました。自信のない人間には、だれもついてきません。とにかく自分が方針《ほうしん》をしめさなければ。

3日後、哲《てつ》さんは次の放卵《ほうらん》のピークをまたずに、ホタテの殻《から》を海にしずめたのです。

「多くの卵《たまご》がつくかどうかはわからない。それでも、前回の放卵《ほうらん》でまだ海中にただよっている卵《たまご》をキャッチできる可能性《かのうせい》はある。とにかく、来年以降《いこう》の作業をゼロにすることだけは避《さ》けなくちゃ」

2週間後、カキの放卵《ほうらん》シーズンは終わりました。結局水温は上がらないまま、放《ほう》卵《らん》はあれきりおきなかったのです。

カキの成長をさまたげる、ユウレイボヤ。

9月16日。哲《てつ》さんがイカダの上で、海の中からカキをひき上げています。それは、6月に偶然《ぐうぜん》発見された、あのカキ。成長が早く、この秋に収穫《しゅうかく》できる見こみでした。

カキはだいぶ大きく育っていました。ところが、

「ユウレイボヤだ」

カキの周囲に、ユウレイボヤとよばれるやっかいな生き物が大量についていました。

ユウレイボヤは、カキと同じプランクトンを食べます。ほうっておいたら、カキの食べ物をうばって、成長をさまたげ

てしまいます。

ユウレイボヤ対策《たいさく》には、「温湯《おんとう》」とよばれる作業が効果的《こうかてき》です。湯を70度ほどに沸《わ》かし、海からひき上げたカキをそこに数秒つけて、ユウレイボヤを撃退《げきたい》するのです。カキは殻《から》をかたく閉《と》じるので、数秒ならば死ぬことはありません。ただ、高温にさらすため、カキの成長に影響《えいきょう》をあたえるおそれはあります。

「親父ならどうするかな」

考えていた哲《てつ》さんは、父のことばを思いだしました。

あの津波《つなみ》を生きのこった大切なカキです。このカキをよくするも悪くするも、これから自分がする世話にかかっているのです。

「カキには人が映《うつ》る」

「カキは、手をかければかけるだけかえってくるものも多い。子どもを育てるようにかわいがってあげたい」

はたして哲《てつ》さんは、温湯《おんとう》とはまったくちがうことをはじめました。内海《うちうみ》で育てているカキを、水温の低い外海《そとうみ》へ移動《いどう》させたのです。冷たい水にさらすことで、ユウレイボヤを弱らせる作戦です。

カキを傷《きず》つけないように、船を時速1キロ以下の速度にして、ゆっくりと沖《おき》へ運びます。温湯《おんとう》にくらべてはるかに手間がかかりますが、カキの成長を考えると、この方法がよいと哲《てつ》さんは判断《はんだん》しました。

カキを外海《そとうみ》へ運び、また内海《うちうみ》へともどす作業は、1か月間も続きました。哲《てつ》さんの作業を浜《はま》から見つめて、畠山《はたけやま》さんは何も言いません。

カキ養殖《ようしょく》をはじめて50年。それは、海から試練をあたえられ、海から学び、そして海から恵《めぐ》みを受け取る半世紀でした。その働く姿勢《しせい》は、息子に見せています。あとは息子自身が経験《けいけん》を重ねること。その経験《けいけん》から、海に生きるものとしてわかって欲《ほ》しいことがあるのです。

それでも海を信じ、生きぬけ

豊《ゆた》かな恵《めぐ》みをもたらす天国と、津波《つなみ》で命や暮《く》らしをうばう地獄《じごく》。海にはそのふたつが共存《きょうぞん》しています。そこで自分たちは暮《く》らしてきて、これからも息子たちも孫たちも暮《く》らしていく。

そこをどうか生きぬいて欲《ほ》しいと、畠山《はたけやま》さんは願っていました。

11月半ば。いよいよ収穫《しゅうかく》の日がきました。

哲《てつ》さんがイカダからひき上げたカキは、いつもの年にくらべて、量はごくわずか。

でも、ユウレイボヤはすっかり消えて、大きさは申し分ありません。

「きれいだなぁ」

カキをひとつ手にとると、哲《てつ》さんは思わず言いました。

「中はどうだろう」

出荷するかどうかは、その品質《ひんしつ》を見て決めます。哲《てつ》さんは、殻《から》のあいだに専用《せんよう》のナイフをさしこみ、カキをこじあけました。

「ん！　まああだ」

声がはずみます。カキは、身の端《はし》にあるヒダが厚《あつ》いものがよいとされています。

そのカキのヒダは、食べごたえのありそうな厚《あつ》みでした。

哲《てつ》さんは収穫《しゅうかく》を終えると、浜《はま》へともどりました。船から、桟橋《さんばし》に立つ父の姿《すがた》が見えていました。

「まってたの？」

哲《てつ》さんが声をかけると、畠山《はたけやま》さんはニヤッと笑って言いました。

「心配だから」

「何が心配だ」と、哲《てつ》さんは大笑いしながら、桟橋《さんばし》にカキを上げました。

「こんな感じですがどうでしょうか？」

畠山《はたけやま》さんはそのカキを手にとり、殻《から》のあいだにナイフを入れました。ゆっくりと、味わうように貝柱を切ると、２枚《まい》の殻《から》を開きます。

「お〜！　上等じゃない！」

光沢《こうたく》のある殻《から》に横たわったカキの身に、畠山《はたけやま》さんは喜びの声を上げました。それから、まちきれないように、そのカキを口へと運びます。

だまって、長いことかみしめる畠山《はたけやま》さん。やがて、こう言いました。

「うん。舞根《もうね》の海の味だね。うん、だいじょうぶだ！」

畠山《はたけやま》さんたち親子は、これから先も舞根《もうね》の海と暮《く》らしていきます。

さらにもうひとつカキを食べると、「あ〜、うまいっ！」と笑います。見ている哲《てっ》さんも、つられて笑いだしました。

「こんなに早くカキ食えるようになるとは思わなかったね。我《わ》が息子《むすこ》も大したもんだ。3代目はだいじょうぶだね。わはははは」

その頃《ころ》、ふたりのもとに、石巻《いしのまき》からうれしい知らせが届《とど》きました。卵《たまご》をとるためにしずめたホタテの殻《から》に、みごとにカキの卵《たまご》がたくさんついていたのです。哲《てっ》さんは自分で決断《けつだん》し、来年への望みをなんとかつなぐことができました。

哲《てっ》さんは力強く言いました。

「来年も、がんばった分だけいいカキができる。当然やるよ！」

津波《つなみ》がこようが、しけになろうが、海を憎《にく》む気持ちはない。再《ふたた》び実りをもたらしてくれた舞根《もうね》の海。おだやかな波を、親子は目を細めて見つめていました。

それでも、海を信じている

畠《はたけ》山《やま》重《しげ》篤《あつ》

プロフェッショナルとは

いろんな場面場面がありますけど、なんとかそういう中をやっぱりくぐりぬけていける人間がプロフェッショナルじゃないですかね。なんとかやっぱりそういう中を生きぬいていくっていうことですよね。

第170回2011年12月12日放送

こんなところがプロフェッショナル！

森を育てる漁師《りょうし》、畠山重篤《はたけやましげあつ》さん。
そのほかにもこんなところがすごいよ。

新しい学問へと広がる

畠山《はたけやま》さんたちの活動は教科書にとり上げられるなど、学問の分野にも広がっています。2004年には、いままで別々《べつべつ》に考えられていた森・川・海を関連づけて研究する、森里海連環学《もりさとうみれんかんがく》という学問も生まれました。

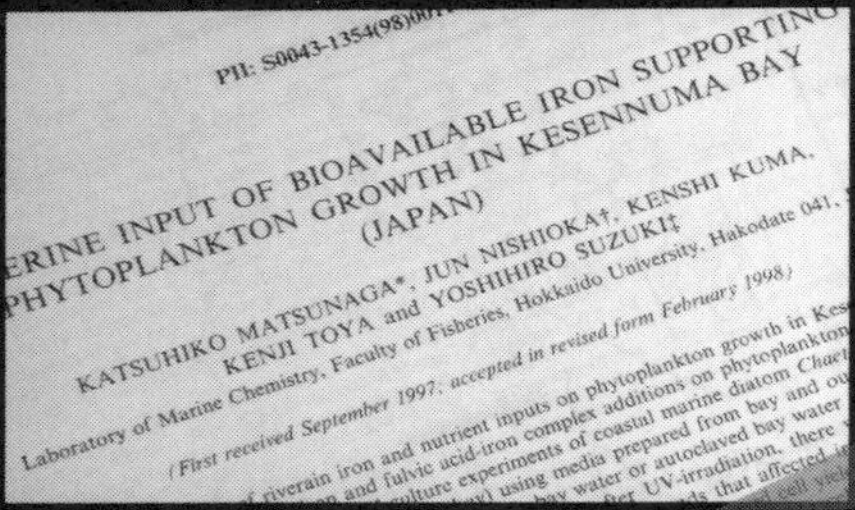

地域《ちいき》の未来がかかっている

世帯の3分の１以上がカキ養殖《ようしょく》で暮《く》らしていた舞根《もうね》地区。震《しん》災《さい》によってこの場所をはなれる住人も出てくる中で、畠山《はたけやま》さんは、地域《ちいき》の産業を復活《ふっかつ》させるため、養殖《ようしょく》の仕事をけっしてあきらめませんでした。

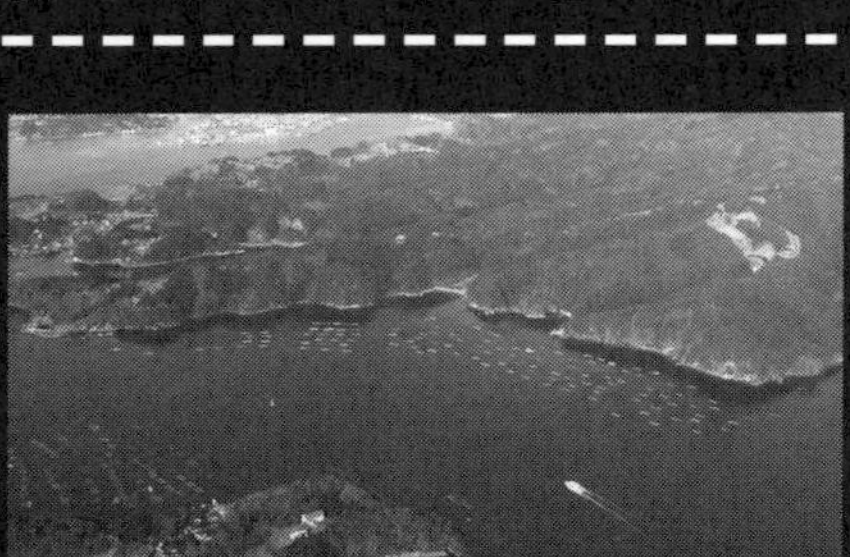

森を守るヒーロー！

2012年には国連森林フォーラムから、森を守る活動の功績《こうせき》で「フォレストヒーローズ」として表彰《ひょうしょう》されました。畠山《はたけやま》さんの活動は、世界的に見ても影響力《えいきょうりょく》をもっています。

人の心に木を植える

畠山《はたけやま》さんが木を植える活動と同じくらい大事にしているのが、自然環境《かんきょう》と自分たちのつながりを考えられる人を増《ふ》やすことです。毎年、全国の小中学生に体験学習をしてもらうことを通じて、心に「環境《かんきょう》を考える」という木を植えているのです。

プロフェッショナルの格《かく》言《げん》

カキ養殖《ようしょく》を手がける、畠山重篤《はたけやましげあつ》さんのことばを心にきざもう。

自分のやり方を
つらぬきなさい

カキ養殖《ようしょく》が成り立たず、絶望《ぜつぼう》の中にあったかつての畠山《はたけやま》さん。母から、自分の信念をつらぬくことの大切さを教わりました。畠《はたけ》山《やま》さんが下を向きそうになるたび、背中《せなか》をおしてくれる大切なことばです。

カキには
人が映《うつ》る

カキは環境《かんきょう》の影響《えいきょう》を大きく受けるため、人が水をよごすと、味や大きさも変わってしまいます。畠山《はたけやま》さんにとってカキは、人間の行動を反映《はんえい》する、先生のような存在《そんざい》なのです。

それでも海を
信じ、生きぬけ

50年にもわたるカキ養殖《ようしょく》の中で、さまざまな試練と多くの恵《めぐ》みを海から受けとってきた畠山《はたけやま》さん。自分の子どもたちにはこの先も、どうか希望をもって、海とともに生きていって欲《ほ》しいと願っています。

探検《たんけん》こそが、人生を彩《いろど》る

チーズ農家

吉田《よしだ》全作《ぜんさく》

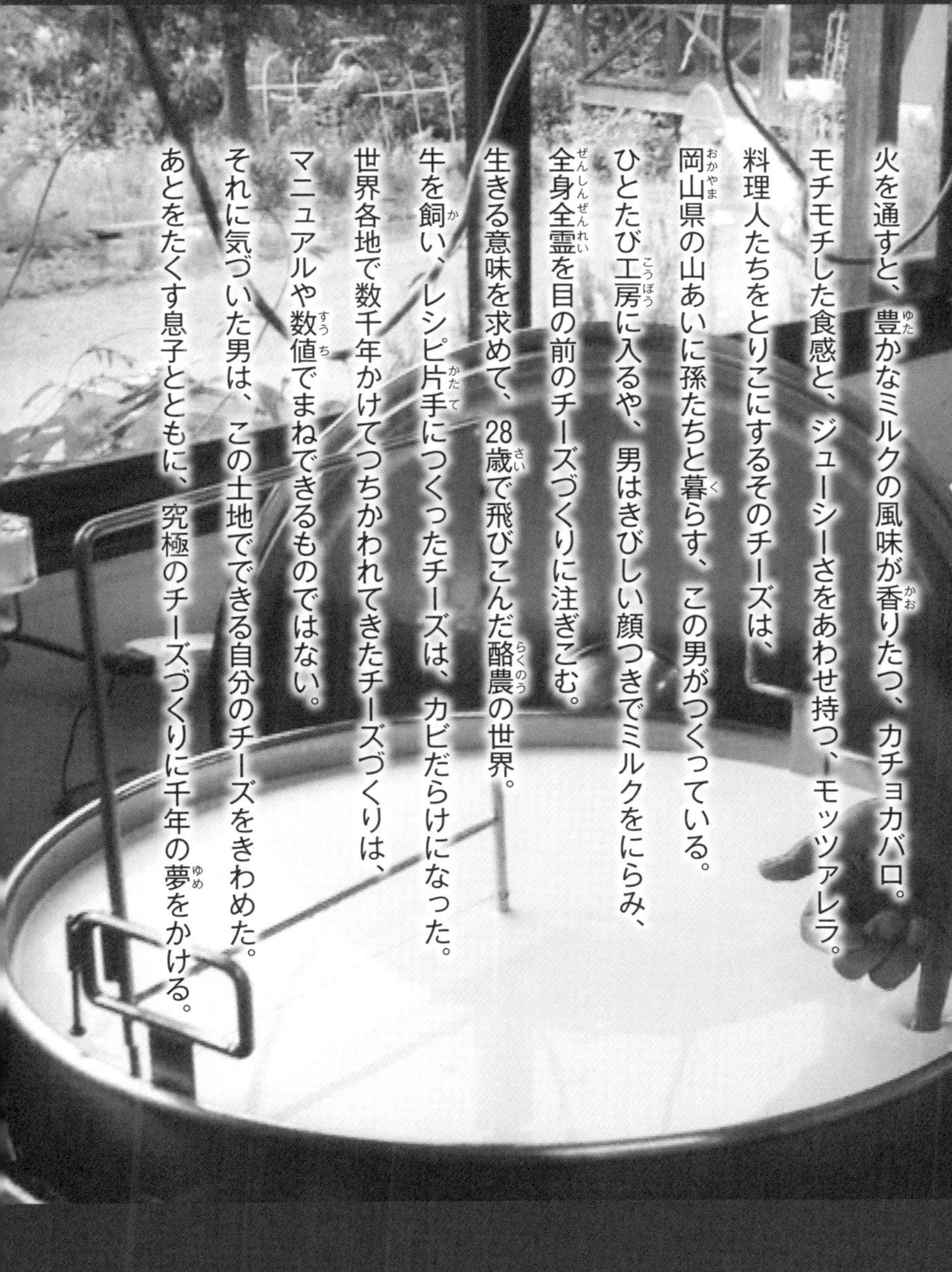

火を通すと、豊《ゆた》かなミルクの風味が香《かお》りたつ、カチョカバロ。
モチモチした食感と、ジューシーさをあわせ持つ、モッツァレラ。
料理人たちをとりこにするそのチーズは、
岡山《おかやま》県の山あいに孫たちと暮《く》らす、この男がつくっている。
ひとたび工房《こうぼう》に入るや、男はきびしい顔つきでミルクをにらみ、
全身全霊《ぜんしんぜんれい》を目の前のチーズづくりに注ぎこむ。

生きる意味を求めて、28歳《さい》で飛びこんだ酪農《らくのう》の世界。
牛を飼《か》い、レシピ片手《かたて》につくったチーズは、カビだらけになった。
世界各地で数千年かけてつちかわれてきたチーズづくりは、
マニュアルや数値《すうち》でまねできるものではない。
それに気づいた男は、この土地でできる自分のチーズをきわめた。
あとをたくす息子とともに、究極のチーズづくりに千年の夢《ゆめ》をかける。

＊チーズ界の革命児《かくめいじ》

早朝5時。岡山県《おかやまけん》の山間の集落で、トレードマークの手ぬぐいを頭に巻《ま》いて、家から牧場へと向かう男の人がいます。チーズ職人《しょくにん》の吉田全作《よしだぜんさく》さんです。まだまだ暑い夏のさかり。明け方に目がさめたからか、ちょっぴり眠《ねむ》そうなようすの吉田《よしだ》さん。その1日は、自分の牧場で飼《か》っている50頭の牛の乳《ちち》しぼりからはじまります。

大手メーカーなどのつくるチーズは、いくつかの牧場から買い集めたミルクを原料にして、工場で製造《せいぞう》されています。原料は低温で殺菌《さっきん》されていて、いつ食べても同じ味になるようにつくられます。

いっぽう吉田《よしだ》さんは、自分で牛を飼育《しいく》し、その乳《ちち》でチーズをつくっています。農家が自分のところで手づくりするチーズは、しぼりたてのミルクが原料で、殺菌《さっきん》もされていません。季節によって牛が食べる草もちがうので、ミルクの味や色も変わります。

午前10時。早朝からしぼり続けた乳《ちち》をつかって、チーズづくりがはじまりました。工房《こうぼう》には一気に緊張感《きんちょうかん》がただよいます。

この日、吉田《よしだ》さんがつくろうとしていたのは、「モッツァレラ」というチーズです。「フレッシュタイプ」とよばれるチーズの一種で、もともとはイタリアの南西部で生まれました。形は丸く、見た目は白くつるっとしています。さわるとやわらかですが、弾力《だんりょく》があります。

吉田《よしだ》さんは、しぼったばかりの新鮮《しんせん》なミルクを大鍋《おおなべ》になみなみと注ぎ、熱しました。そこに加えるのは、チーズづくりに欠かせない乳酸菌《にゅうさんきん》。ただ、同じチーズをつくるのでも、その量やつくり方は日々《ひび》同じではありません。

「どれくらい？　７００ミリリットル？」

乳酸菌《にゅうさんきん》の量をたずねたのは、吉田《よしだ》さんの息子の原野《げんや》さん。

「６５０くらいかな」

ミルクの成分は牛の体調によって変わるため、発酵《はっこう》の進み具合も日々《ひび》ちがいます。この日は、出産直後の牛の牛乳《ぎゅうにゅう》が２頭分入っていたため、吉田《よしだ》さんは乳酸菌《にゅうさんきん》の量をいつもより50ミリリットルへらしました。

「出産して最初にだすお乳《ちち》は、ほかの乳《ちち》と成分がかなりちがう。それがたくさん入っていると発酵《はっこう》が早くなったりするからな」

そう言われて原野《げんや》さんは、言われた量の乳酸菌《にゅうさんきん》をミルクに注ぎました。

チーズづくりは、ミルクに乳酸菌《にゅうさんきん》を加えて発酵《はっこう》させる作業からはじまります。そこに酵素《こうそ》を加えてゆるく固まったところに、切れ目を入れてかき混《ま》ぜたりすると、ミルクは液体《えきたい》（ホエー）と固体分（カード）に分かれ、鍋《なべ》の底にカードがしずみます。そのとき切れ目を細かくしたり荒《あら》くしたり、混《ま》ぜ方を変えたりすることで、チーズからどのくらい水分がぬけるかが決まります。

さらにそのあと、鍋《なべ》にたまったカードをとりだし熟成《じゅくせい》させます。熟成《じゅくせい》とは、チーズをしばらくおいて味をなじませること。どのくらい熟成《じゅくせい》させるかによって、チーズは、やわらかでつくりたてを食べるタイプから、固くて保存《ほぞん》がきくタイプまで、幅広《はばひろ》い種類に分かれるのです。

■ チーズのつくり方

チーズは種類によってつくり方がちがいます。ここでは、「ナチュラルチーズ」とよばれる種類のつくり方を紹介《しょうかい》します。

❶

しぼったミルクを乳酸菌《にゅうさんきん》で発酵《はっこう》させたあと、酵素《こうそ》を入れる。

❷

ゆるく固まった状態《じょうたい》で切れ目を入れる。

❸

かき混《ま》ぜると、液体《えきたい》（ホエー）と固体分（カード）に分かれる。

❹

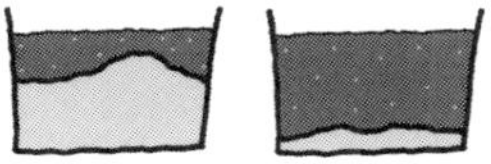

このときの切り方や混《ま》ぜ方で、ホエーとカードの割合《わりあい》が変わる。

❺

さらにカードの熟成《じゅくせい》のさせ方で、さまざまな種類のチーズになる。

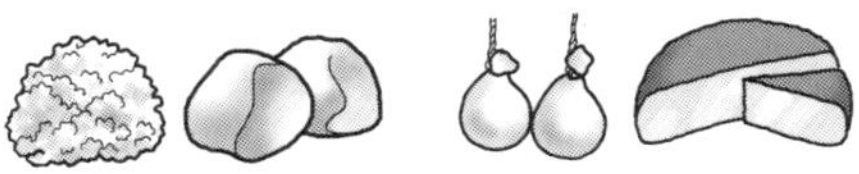

風土の力を、凝縮《ぎょうしゅく》する

チーズは、はじめに混《ま》ぜる乳酸菌《にゅうさんきん》だけではなく、熟成中《じゅくせいちゅう》にもさまざまな微生物《びせいぶつ》（菌《きん》）の力を借りてつくります。微生物《びせいぶつ》は、その土地の気候や地形、土や水などによって、種類も働き具合もちがいます。そのため、同じ材料で同じチーズをつくっても、ちがう場所や季節で熟成《じゅくせい》させると風味がちがってきます。それがチーズの魅《み》力《りょく》です。土地ごとのさまざまな条件《じょうけん》を知り、微生物《びせいぶつ》の力をひき出すことで、その土地ならではの味わいを生みだす。それがチーズづくりなのです。

吉田《よしだ》さんは、ゆるく固まったミルクに指を入れ、その固まり具合を確《たし》かめると、いよいよ切れ目を入れて固体と液体《えきたい》を分ける工程《こうてい》に入りました。

吉田《よしだ》さんのモッツァレラチーズは、かんだときにミルクがあふれるジューシーさが特徴《とくちょう》です。水分をぬきすぎてしまうと、やわらかな食感が失われてしまうので、この作業もかんたんではありません。

神経《しんけい》をとぎすまし、ミルクをかき混《ま》ぜる吉田《よしだ》さん。

吉田《よしだ》さんは専用《せんよう》のカッターで、ゆるく固まったミルクに、さいの目状《めじょう》に切れ目を入れました。

ミルクをじっと見つめる吉田《よしだ》さん。もうすぐその切り口から液体《えきたい》がしみだしてきます。そのときがくるのをまっていました。

おもむろに、吉田《よしだ》さんは切ったミルクを混《ま》ぜはじめました。どのタイミングで、どのくらいの力で、どれくらいかき混《ま》ぜるか。しみだす液《えき》の量と色、さらにかき混《ま》ぜるときに感じる手ごたえに、吉田《よしだ》さんは神経《しんけい》をとぎすませています。

それは、何分まつとか、何回混《ま》ぜるとか、数値《すうち》で計りきれる仕事ではありません。これまでに同じ作業をなんども経験《けいけん》して身につけた感覚で、吉田《よしだ》さんは手を動かしているのです。

「いい状態《じょうたい》でつくれたときのやり方が、次のときに必ずしも応用《おうよう》できないということがたくさんある」

吉田《よしだ》さんはそう言います。

「こういうときはこの程度《ていど》かなっていう、その感覚をだいじにしないと。いつまでたっても数字ばっかり追っていると、わからなくなる」

かき混《ま》ぜてからおよそ1時間半。ミルクの中のカードをひっぱってのばしてみると、ちょうどいいのび具合になっていました。

「OK」

吉田《よしだ》さんは、そのカードの大きなかたまりをとりだし、ナイフで細かくカットしていきました。

さあ、いよいよ仕上げです。きざんだカードを木の容器《ようき》に入れると、息子の原野《げんや》さんが、そこに沸騰《ふっとう》した食塩水を注ぎました。

原野《げんや》さんは、両手にしゃもじをもってカードをすくってのばしながら、食塩水を織《お》りこむように、手早く練り上げていきます。練られたカードは、まるでつきたてのお餅《もち》のようにのびます。

原野《げんや》さんは、最高ののびやかさになったカードを熱湯からとりだし、吉田《よしだ》さんの前におかれた木の容器《ようき》へ移《うつ》しました。

熱々《あつあつ》のカードをものともせず、吉田《よしだ》さんはそれを丸く形づくると、ちぎって冷水にひたしました。一気に冷やして発酵《はっこう》を止めるのです。

ちぎっては冷水へ、ちぎっては冷水へ。

「モッツァレラ」の名は、イタリア語で「ち

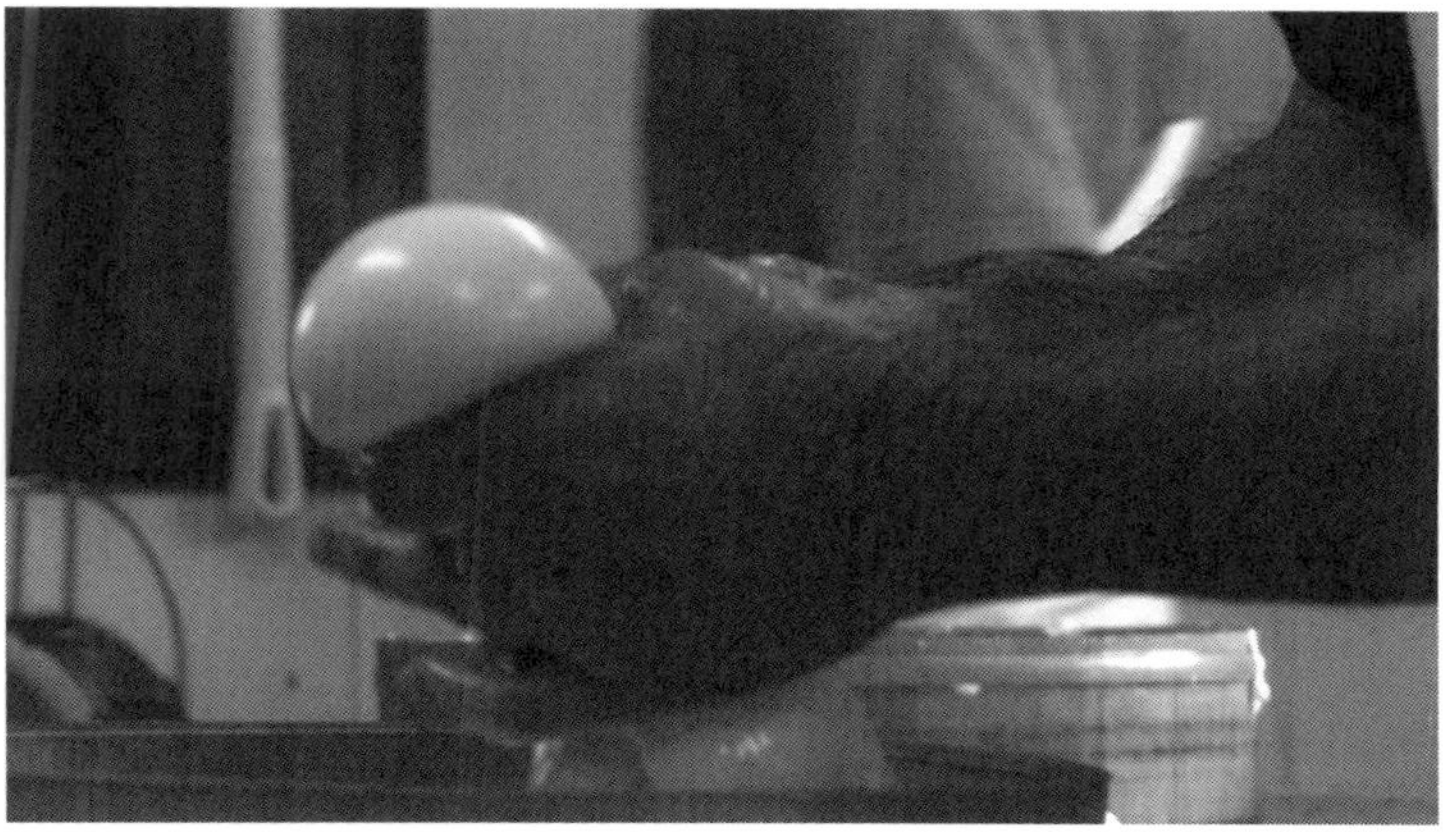

カードを次々《つぎつぎ》と丸めて、冷水にひたしていく。

ぎる」を意味する「モッツアーレ」が語源《ごげん》なのです。

吉田《よしだ》さんは、冷水からモッツァレラをとりだしました。真っ白でつやつや。モチモチでジューシーなチーズができ上がりました。

モッツァレラは、吉田《よしだ》さんのチーズの代名詞《だいめいし》です。

「わきでてくるこのミルクのおいしさ！」「まさに自分が求めていた味だ」と、全国の料理人から、注文があいつぎます。

焼いてもしっかりした弾力《だんりょく》を保《たも》ち、食べると口どけがなめらかなのが、人気の秘《ひ》密《みつ》なのです。

吉田《よしだ》さんの工房《こうぼう》では、８種類のチーズがつくられています。

たとえば、「リコッタ」は、固めたミルクからでたホエーを加熱して固めたチーズ。なめらかな舌《した》ざわりとほのかな甘《あま》みをもつ、デザートのようなチーズです。

「カチョカバロ」はめずらしいチーズで、モッツァレラより細かく切れ目を入れ、それから念入りに混《ま》ぜていきます。そしてカードから水分を強めにしぼり、それを

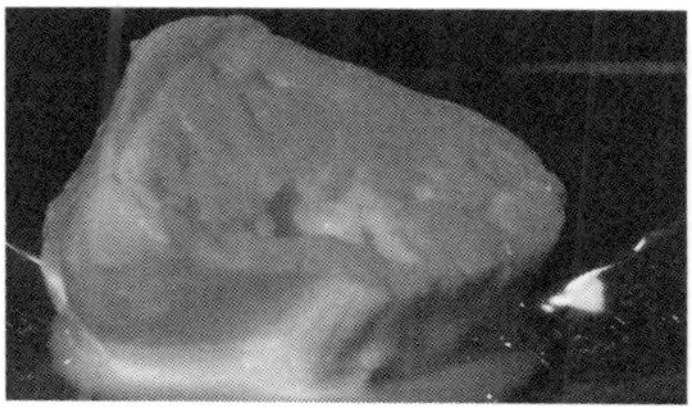
モッツァレラ

リコッタ

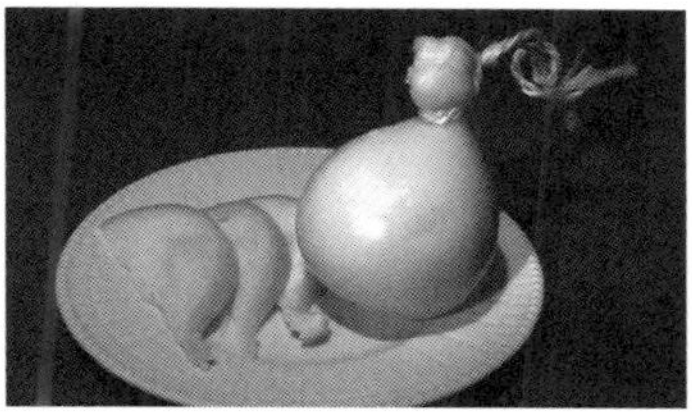
カチョカバロ

さまざまな種類のチーズをつくっている吉田《よしだ》さん。

1週間熟成《じゅくせい》させるとでき上がります。カチョカバロは、水分がぬけ、旨味《うまみ》が凝縮《ぎょうしゅく》されたチーズで、フライパンで焼くと、ミルクの風味をのこしつつもさっぱりした味わいが広がります。

吉田《よしだ》さんはチーズづくりの技術《ぎじゅつ》の高さで知られていますが、チーズがおいしい理由は、その技術《ぎじゅつ》のためだけではありません。

真夏のこの時期、吉田《よしだ》さんが長い時間をかけておこなうのが、牧場の草刈《くさか》りです。「牛たちが健康を保《たも》てるように」という思いから、牛が牧草を食べやすいように、じゃまになる雑草《ざっそう》を刈《か》り続けます。牧場は4ヘクタールもあるので1日では済《す》みません。今日はここ、明日はここと場所を分けながら、吉田《よしだ》さんは雑草《ざっそう》を刈《か》っていました。

さらに吉田《よしだ》さんは、牧場内にとがった石が落ちていると、それを一つひとつとりのぞきます。「牛がけがをしないように」と、しゃがんでは拾い、しゃがんでは拾い、気の遠くなるような作業にもくもくと取り組みます。

吉田《よしだ》さんは、牛舎《ぎゅうしゃ》の掃除《そうじ》も欠かしません。牛が牧場で草を食べているあいだに、牛舎《ぎゅうしゃ》をきれいにはいて回ります。「牛舎《ぎゅうしゃ》ににおいがついていると、牛乳《ぎゅうにゅう》ににおいが移《うつ》るから」だと言います。

ささいな仕事にも完璧《かんぺき》を求めるのは、小

炎天下《えんてんか》であっても、牛たちのために石を拾う。

さな作業のひとつとて、味に影響《えいきょう》しないものはないからです。

味は、すべての作業の積み重ねで決まる

「チーズをつくるときだけは五感をとぎすます、とか言ったほうが職人《しょくにん》みたいに見えるけれど、そういうことじゃない。毎日しなきゃいけないことをきちっとして、いろんな細かいことをひとつずつやって、それがひとつのまとまりとなって完成する仕事だから」

草刈《くさか》りも石拾いも牛舎《ぎゅうしゃ》の掃除《そうじ》も、それを毎日手ぬきなく続けることが、チーズをつくる技術《ぎじゅつ》と同じくらいだいじだと、吉田《よしだ》さんは思っているのです。

✳チーズづくりの原点へ

吉田《よしだ》さんは、数年に一度、大切な旅をします。この夏訪《おとず》れたのは、ヒマラヤのふもとのブータン王国。チーズづくりはアジアではじまったという説もあり、ブータ

ンでも、昔からチーズがつくられてきました。この旅で、チーズづくりの原点となる暮《く》らしを見つめたかったのです。

吉田《よしだ》さんがめざすのは、富士山《ふじさん》よりもっと高い、標高4000メートルを超《こ》える山あいの村です。

「はー、はー、はー」

山登りの装備《そうび》で、息を切らしながら細い山道をのぼり、歩くこと7時間半。吉田《よしだ》さんは目的地のトンブー地区に到着《とうちゃく》しました。でむかえてくれたのは、キンザムさん一家です。

キンザムさんは遊牧民。ヤクというウシ科の家畜《かちく》を飼《か》い、その乳《ちち》で食べ物をつくって暮《く》らしています。チーズづくりを育んだ遊牧民の暮《く》らし。それが見たかった吉《よし》田《だ》さんはうれしくて、休憩《きゅうけい》もとらずにヤクの乳《ちち》しぼりをさせてもらいました。

「1回に出る量がぜんぜんちがうね」

家の中には大小さまざまな大きさのチーズが保存《ほぞん》され、熟成《じゅくせい》を重ねていました。そのひとつを、キンザムさんの奥《おく》さんが、吉田《よしだ》さんのために切ってくれました。

ヤクの乳《ちち》からチーズをつくる、キンザムさん一家。

においをかぎ、ゆっくり味わいます。

それは、何世代にもわたってここで暮《く》らし、つくり続けるからこそ生まれるこの土地のチーズでした。

「自分のような職人《しょくにん》が技《わざ》を追う程度《ていど》ではたどりつけない、ゆるぎない知恵《ちえ》がある」

吉田《よしだ》さんはそう思いました。

奥《おく》さんは、家の中のいろりで、実際《じっさい》にチーズづくりを見せてくれました。大鍋《おおなべ》にヤクの乳《ちち》を熱し、そこにヨーグルトを注ぎます。乳酸菌《にゅうさんきん》の働きで、じょじょにヤクの乳《ちち》が固まってきます。それを奥《おく》さんはゆっくりかき混《ま》ぜました。

その工程《こうてい》を吉田《よしだ》さんはじっと見つめます。

器にもられたできたてのチーズは、見た目は「カッテージチーズ」のよう。まだ湯気を立てています。吉田《よしだ》さんはさっそく、そのチーズをスプーンですくって食べはじめました。

「おいしいおいしい。これはタンパク質《しつ》のかたまりだ。脂肪《しぼう》をぬいてつくってるから、イタリアのチーズとはちょっとちがいますね。でもおいしい！」

世代を超《こ》えて受《う》け継《つ》がれ、続いていくチーズづくりの重みを、吉田《よしだ》さんはかみしめていました。

吉田《よしだ》さんはこれまで、イランやモンゴルにも遊牧民を訪《たず》ね、その暮《く》らしとチーズづくりを学んできました。チーズづくりが暮《く》らしとともにある人々《ひとびと》との出会いは、吉田《よしだ》さんに、こんなことを感じさせます。

暮《く》らしの積み重ねが、知恵《ちえ》となる

きびしい自然環境《かんきょう》の中で生まれ育ち、チーズをつくって食べていかなければ生きていけない人たち。何ひとつおろそかにできず、ひとつでもおろそかにしたら、死んでしまうかもしれない生活がここにはあるのです。

「でも、そんなきびしい環境《かんきょう》でのチーズづくりを、楽しみながら生活している。ぼくがそれをできないわけがない！」

吉田《よしだ》さんはあらためてそう思い、4日間の旅を終えました。そして山を下り、チーズづくりの日々《ひび》にもどっていったのです。

✴遠回りの人生

都会をはなれ、自然の中で妻《つま》と息子夫婦《ふうふ》と孫の3世代で暮《く》らしている吉田《よしだ》さん。ひとつ、決めていることがあります。

「家族でつくれる以上の量のチーズは、つくらない」

それは、品質《ひんしつ》を落とさないためでもありますが、家族との団《だん》らんを守るためでもありました。吉田《よしだ》さんのチーズが食べたくて、「もっとつくって欲《ほ》しい」という買い手もたくさんいますが、量産しないことは、吉田《よしだ》さんにとってゆずれないこだわりなのです。

「自分の好きなことができて、家族も飢《う》えないで生活できているんだから十分豊《ゆた》かだ。これ以上何があるの？　お金のために生活しているわけじゃない」

牛を世話し、チーズをつくり、孫との散歩の時間も大切にする。そんな幸せな生活が軌道《きどう》に乗るまでには、実は大変な道のりがありました。


吉田《よしだ》さんは岡山市《おかやまし》生まれ。小さいときから好奇心旺盛《こうきしんおうせい》で、北海道《ほっかいどう》大学時代に夢中《むちゅう》になったのは、探検部《たんけんぶ》の活動でした。アリューシャン列島や知床《しれとこ》など、極限《きょくげん》の世界を切りぬけるのが、なにより楽しかったのです。

卒業と同時に結婚《けっこん》し、サラリーマンの仕事につきましたが、配属《はいぞく》された経理《けいり》の仕事は机《つくえ》だけに向かう日々《ひび》。

「このままのんきに人生を終えるのか？　このままじゃ死にきれない。まだ何もしてないじゃん、おれは」

そう思うと、極限《きょくげん》の世界に向かっていた探検部《たんけんぶ》時代の情熱《じょうねつ》がよみがえり、おさえる

アリューシャン列島を探検《たんけん》したときの吉田《よしだ》さん。

ことができなくなったのです。

そんなある日、吉田《よしだ》さんは妻《つま》が読んでいた雑誌《ざっし》の記事に目をうばわれました。そこには、フランスのノルマンディー地方で、伝統的《でんとうてき》なチーズづくりを営《いとな》む老夫婦《ろうふうふ》の姿《すがた》があったのです。自然と一体となった暮《く》らしが、吉田《よしだ》さんは無性《むしょう》にうらやましくなりました。

「このおじさんとおばさんがつくれるんなら、自分にもつくれるだろう」

このまま自分の精神《せいしん》が不安定では、家族にもよくない。そう思った吉田《よしだ》さんは、やったこともない酪農《らくのう》の世界に飛びこんだのです。

牛は廃業《はいぎょう》した農家からゆずってもらい、チーズづくりはマニュアル本を片手《かたて》にはじめました。でも、まったくうまくいきません。ミルクの分量も温度もマニュアルどおりなのに、チーズにすさまじいカビが生えてしまうのです。むだにしたチーズを地面にうめる日々《ひび》が続きました。

「いったい、どこをまちがえているんだろう？」

吉田《よしだ》さんは、あの雑誌《ざっし》で見た老夫婦《ろうふうふ》に直接《ちょくせつ》教えてもらおうと、フランスへ飛びました。

町に着くと、その夫婦《ふうふ》はもう10年も前にさったと告げられました。しかたなく吉《よし》田《だ》さんは近くのチーズ農家に飛びこみ、チーズづくりを見せて欲《ほ》しいとたのみます。

吉田《よしだ》さんが職人《しょくにん》のかたわらで、牛乳《ぎゅうにゅう》を温める温度や、発酵《はっこう》させるときの酸性度《さんせいど》などの数値《すうち》を徹底的《てっていてき》にメモしていると、若《わか》い職人《しょくにん》があきれた顔で言いました。

「あなたは日本でつくるんだろう？　それなら、あなたなりのつくり方を探《さが》すほうが、だいじなんじゃないのか？」

チーズづくりは、その土地の自然の力を借りておこなうもの。ほかの土地のつくり方をまねしても、同じようにはできないというのです。

そのとき吉田《よしだ》さんは、探検部《たんけんぶ》時代に学んだことを思いだしました。

迷《まよ》ったときは、たとえ遠回りでも、尾根《おね》に登れ

山で迷《まよ》ったときは、遠回りに思えても、尾根《おね》に登る地道な道を選ぶのが絶対《ぜったい》の原則《げんそく》です。沢《さわ》に下りるほうがかんたんですが、そうすると崖《がけ》があったりして危《あぶ》ないのです。尾根《おね》は山の峰《みね》と峰《みね》とを結ぶ高いところなので、そこへ行けば、見晴らしがよくなり、迷《まよ》い道《みち》から脱《だっ》せるという教えでした。

そこで吉田《よしだ》さんはその教えを胸《むね》に、遠回りでも、できることを地道にやろうと決めたのです。

岡山《おかやま》へもどると、まずはミルクの質《しつ》を上げるために、牛の飼《か》い方を放牧に変えました。牛舎《ぎゅうしゃ》に閉《と》じこめると、牛にはストレスがかかるからです。牛の品種も、放牧に向く種類を探《さが》し、外国から輸入《ゆにゅう》しました。牛が食べる牧草の種類もよりよいものに変え、牛のじゃまになる草を刈《か》り、石を拾いました。

さらに発酵《はっこう》の決め手である乳酸菌《にゅうさんきん》も、買ってくるのではなく、この土地にすむ菌《きん》

を育てて自分でつくることにしました。

そうして3年ほどすると、カビに苦しんでいたチーズが、見ちがえるほどおいしくできるようになったのです。

そんな頃《ころ》、思いがけない人が吉田《よしだ》さんを訪《たず》ねてきました。それは、イタリア大使館の参事官、サルバトーレ・ピンナさんです。ピンナさんは言いました。

「日本では新鮮《しんせん》なモッツァレラが手に入らず、こまっているんです」

そして、吉田《よしだ》さんにつくり方をひととおり教えると、「いいものが完成したらぜひ送って欲《ほ》しい」と告げて帰っていきました。

モッツァレラは、つくるのがとてもむずかしいチーズです。でも吉田《よしだ》さんは、この注文に勇気をだして挑《いど》みました。

そして1年後。みごとなチーズを完成させて、大使館に届《とど》けたのです。ピンナさんはそのチーズを食べて、「100点のできだ」と吉田《よしだ》さんをほめました。ふつうは何年もかけて習得するチーズを、吉田《よしだ》さんはみごとにつくり上げたのです。

それからというもの、吉田《よしだ》さんのチーズはイタリア大使館のパーティーでつかわれるようになり、やがておいしいチーズをつくる吉田《よしだ》さんの名前は、広く知られるようになりました。

チーズ農家になって25年がたった吉田《よしだ》さんは、つねに険《けわ》しい道を選んだからこそ、いまがあると思っています。

「自分の思ったことを実現《じつげん》するためには、いろんな道がある。かんたんそうに見える道とか、しんどそうな道とか。岐路《きろ》に立ったときに選ぶのは、必ずめんどうくさいほうを選ぶんだ。そうしてきたんです。そうすると必ず成功するから」

めんどうくさいことはだれもしないし、めんどうくさい道のほうにヒントは転がっている。それを吉田《よしだ》さんは経験《けいけん》の中で学んだのです。

✳千年後に向けて

吉田《よしだ》さんは、新たな挑戦《ちょうせん》をはじめています。ハードチーズとよばれるチーズづくりにチャレンジしているのです。

ハードチーズは大きくてかたいチーズで、ひとつの重さが15キロにもなります。しこみを担当《たんとう》しているのは息子の原野《げんや》さんですが、若《わか》くて力持ちの原野《げんや》さんでも、鍋《なべ》からとりだすのに、ロープをかけてひっぱり上げるほど。そこからプレス機で15時間以上圧力《あつりょく》をかけ、じわじわと水分をしぼりだします。そうするのは、このチーズを1年以上かけて熟成《じゅくせい》させるためでした。

吉田《よしだ》さんはこのチーズに、大きな夢《ゆめ》をたくしていました。前年、1千万円ものお金をかけて、このチーズのための熟成庫《じゅくせいこ》をつくりました。

熟成庫《じゅくせいこ》は地表から7メートルの深さにあり、壁《かべ》や天井《てんじょう》は分厚《ぶあつ》いコンクリートでおおわれています。電気をつかわず、温度も湿度《しつど》も自然にまかせて、ゆっくり熟成《じゅくせい》させるための倉庫でした。

頭にあるのは、イタリアチーズの王様とよばれる「パルミジャーノレッジャーノ」。数年にわたって熟成《じゅくせい》させた、味わい深いチーズです。それと同じように、吉田《よしだ》さんは、数年かけて熟成《じゅくせい》させるチーズをつくろうとしていました。

ただそのチーズは、結果が見えるまでに、しこみから最低でも1年かかります。

熟成庫《じゅくせいこ》にはすでにたくさんのハードチーズが並《なら》べられ、熟成《じゅくせい》が進んでいました。

吉田《よしだ》さん親子は、その一つひとつを見て回り、専用《せんよう》の道具をさしこむと、内部をほんの少しとって、口にふくみました。

「これまたちょっとちがうね。まだ若々《わかわか》しいね」

かみしめながら吉田《よしだ》さんが言うと、原野《げんや》さんもこたえました。

「酸味《さんみ》が強いんだよ」

まだ求める味にはほど遠く、ふたりは、どうつくり方を変えたらよいのか探《さぐ》っていました。むずかしい挑戦《ちょうせん》です。でも完成すれば、この土地の風土をとじこめた、この

熟成庫《じゅくせいこ》でつくるのは、1年以上かけて熟成《じゅくせい》させるハードチーズ。

土地でしかつくれないチーズができます。それが吉田《よしだ》さんの夢《ゆめ》なのです。

地下では、温度や湿度《しつど》の変化がゆるやかです。このチーズは、その中でしかつくれません。自分たちの努力の上にある、この地域《ちいき》の風土の力が、チーズをつくり上げてくれるのです。

「寝《ね》ついた子どもなんだ。寝《ね》ているあいだに成長しなさいって思いをこめるしかない」

吉田《よしだ》さんはそう言いながら、熟成庫《じゅくせいこ》のチーズたちを見つめていました。


吉田《よしだ》さんがこのチーズづくりにこめる願いは、それだけではありません。

吉田《よしだ》さんはこのとき58歳《さい》。のこされた時間をすべてついやしても、このチーズづくりをきわめるには、時間が足りないかもしれないと感じています。これからも毎年続く試行錯誤《しこうさくご》。それを自分がどこまでくり返せるか、わからないのです。

吉田《よしだ》さんは、チーズの完成への道を、息子の原野《げんや》さんにたくすことにしていました。でも、自分の思いをどれだけ伝えられるか、吉田《よしだ》さんにはまだ不安がありました。

「ぼくみたいに、めんどうくさいことや苦しいことを楽しめるようになるには、やっぱりもっとかかるかな。原野《げんや》は、性格《せいかく》もちがうし。2代目はやっぱりきびしい。精神的《せいしんてき》にも。1代目はやりたいと思ってやってるけど、2代目はそれだけじゃないからな」

吉田《よしだ》さんはそう思っていました。2代目は1代目の苦労の上に仕事を引《ひ》き継《つ》ぎ、楽になる。でもその分大変なんだ、と原野《げんや》さんのことを心配していたのです。

原野《げんや》さんは8年前、父のチーズづくりは効率《こうりつ》が悪すぎると反発しました。

「おれは自分の時間が欲《ほ》しい。休みが欲《ほ》しい」

「そんなこと考えてる場合じゃないだろ！」

自分の不満を否定《ひてい》した父に、原野《げんや》さんは腹《はら》をたて、

「そんなの理不尽《りふじん》だ！」

と父をなぐって家を飛びだしました。

しかしその後、フランスでチーズづくりの修業《しゅぎょう》をし、父がしていた作業の一つひとつに意味があることを思い知らされたのです。

いまでは、チーズづくりに本気で取り組み、いろいろなことを学ぼうと、考え方

も変わってきています。

ハードチーズづくりでは、熟成《じゅくせい》をじゃまする雑菌《ざっきん》の繁殖《はんしょく》をおさえるために、チーズの表面を塩水でふく作業が欠かせませんが、原野《げんや》さんは、毎日一つひとつ、ようすを見ながらチーズをふく地道な作業も、もくもくとくり返しています。

それでも吉田《よしだ》さんは、職人《しょくにん》として、原野《げんや》さんに教えておかなければならないことがまだあると感じていました。

その日吉田《よしだ》さんは、熟成庫《じゅくせいこ》で、ひとつのチーズを原野《げんや》さんに試食させようとしました。

「コイツ、しょっぱいんだよ」

食べる前から、原野《げんや》さんはそう言って笑います。それは、原野《げんや》さんが「おいしくない」とあきらめていたチーズでした。ところが、

「ん?」

かみしめながら、原野《げんや》さんは不思議そうな顔をします。おいしいのです。

熟成庫《じゅくせいこ》のチーズをつうじて、原野《げんや》さんに大切なことを教えたかった。

「すごくうまいでしょ？　脂肪《しぼう》がぬけてかたいから、塩がしみないんだ」

「おもしろい！　おれ、もうさじ投げてた」

「だめだよ、そういうことしちゃ。おまえがこの子だけほったらかしにしていたのをぼくがときどきふいていたの。まだね、いつどんな子になるかわからないから。だいじにしなきゃだめだって」

「はい。これうまいわ」

「でしょ！」

どんなことから学びが得られるかはわかりません。だからこそ、地道な作業を完璧《かんぺき》にやれと、吉田《よしだ》さんは原野《げんや》さんに教えたのでした。

原野《げんや》さんは思いました。

「やればやるだけ、何もわかっちゃねぇなっていうのがわかってくる。足りないことだらけだ。知識《ちしき》も経験《けいけん》も。経験《けいけん》はすぐに得られるものではないから、こういう単《たん》純《じゅん》な仕事でも、毎日続けていると見えてくることがあるなあ」


9月下旬《げじゅん》。吉田《よしだ》さんの工房《こうぼう》では、創立《そうりつ》25周年を祝うパーティーが開かれました。ささえてくれた150人が全国から集まり、親子がつくったチーズには人だかりができています。

「原野《げんや》さん、これは新作？」

「そうです、ハードタイプ。地下の熟成庫《じゅくせいこ》でつくったんです」

この日ふたりは、挑戦中《ちょうせんちゅう》のハードチーズをはじめて披露《ひろう》しました。熟成《じゅくせい》して1年半になるチーズです。

「おいしいですね」

吉田《よしだ》さんたち一家の工房《こうぼう》は、これから先もずっと続いていく。

「料理につかってもいいでしょうし、このまま食べるのがいちばんありがたみを感じる」

吉田《よしだ》さんが取り組む〝風土に根ざす仕事〟は、２代目、３代目と、世代を超《こ》えて続いてこそ意味があります。でも吉田《よしだ》さんの工《こう》房《ぼう》はまだ１代目。25年がすぎたばかりです。

吉田《よしだ》さんは、ある思いを、集まった仲間に話しはじめました。

「みなさんが立っておられるこの下に、大きな地下室があるんです。そこで、ハードタイプのチーズをつくりはじめています。ちょっと大げさですが、そのチーズは、これから何千年ものこっていくと思うんです。それをこれからつないでいく2代目を紹介《しょうかい》したいと思います。原野《げんや》くーん」

よばれた原野《げんや》さんは、緊張《きんちょう》しながらみんなの前にでました。

「いままで父と母が苦労もしながら築《きず》いてきた土台や、吉田牧場《よしだぼくじょう》の文化があると思いますが、それをしっかり大切にしながらチーズづくりを続けていきたいです。いまつくっているチーズはもっとおいしくして、また新しいものもつくったりしながら、自分の色を重ねていきたいと思います！」

父から子へ、あとに続く道を、原野《げんや》さんは確《たし》かに歩みはじめました。

この地で暮《く》らしを重ね、ゆるぎない知恵《ちえ》を重ね、千年先を見つめた夢《ゆめ》のチーズづくりは続くのです。

探検《たんけん》こそが、人生を彩《いろど》る

吉田全作《よしだぜんさく》

プロフェッショナルとは

後世にちゃんと伝えられる
仕事をするってこと。
考えられること、やれることはすべてやる。
やれるだろうと思うこともすべてやる。

第218回2013年10月14日放送

こんなところがプロフェッショナル！

千年続くチーズづくりをめざす、吉田《よしだ》全作《ぜんさく》さん。
こんなところがすごいよ。

幻《まぼろし》とよばれるチーズ

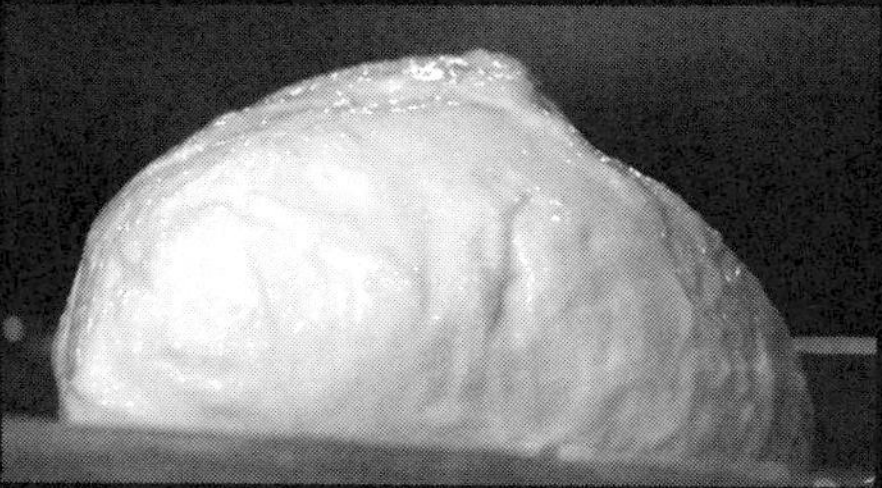

吉田《よしだ》さんのチーズは、全国の料理人から注文が絶《た》えません。手に入れるのがむずかしく「幻《まぼろし》のチーズ」とよばれるほど。品質《ひんしつ》を落とさず、家族での生活や団《だん》らんを守るため、量産するつもりはないと言います。

真剣勝負《しんけんしょうぶ》の毎日

その日のさまざまな条件《じょうけん》によって、配分やつくり方が変わるというチーズづくり。一つひとつの手順に、知識《ちしき》と経《けい》験《けん》を求められているのです。吉田《よしだ》さんは、毎日マニュアルのない真剣勝負《しんけんしょうぶ》を続けています。

あくなき探求心《たんきゅうしん》

どんなに細かい仕事でも手をぬかず、さらに新たなチーズへの挑戦《ちょうせん》を続ける吉田《よしだ》さん。自宅《じたく》にもどってからもチーズにまつわる論文《ろんぶん》を調べては、生かせることはないかを調べるそうです。

独自《どくじ》の高みへ

さまざまな困難《こんなん》を乗りこえた結果、現在《げんざい》では全国的に注目されている吉田《よしだ》さんのチーズ。しかし、いまの状態《じょうたい》が最高だとは考えていないそうです。さらにおいしいチーズをつくるため、この闘《たたか》いは、まだまだ続くのです。

プロフェッショナルの格《かく》言《げん》

探検《たんけん》を続けるチーズ職人《しょくにん》、吉田全作《よしだぜんさく》さんのことばを心にきざもう。

風土の力を、凝縮《ぎょうしゅく》する

同じ材料をつかっても、熟成《じゅくせい》させる場所によって風味が変わるチーズづくり。吉田《よしだ》さんが追い求めているのは、自分の土地を知り、自然の力をひきだした、この土地ならではのチーズなのです。

ささいな仕事にも完璧《かんぺき》を求める

吉田《よしだ》さんのチーズづくりは、牧場の草刈《くさか》りや掃除《そうじ》からすでにはじまっています。毎日の積み重ねがチーズの味に影響《えいきょう》するため、地道な作業こそが、チーズをつくる技術《ぎじゅつ》と同じくらい大切なのだと言います。

遠回りでも、できることを地道に

山で迷《まよ》ったときは、遠回りに思えても、尾根《おね》に登る地道な道を選ぶという原則《げんそく》があります。吉田《よしだ》さんが大学時代に熱中した探検《たんけん》部《ぶ》で学んだ教えは、チーズづくりでも生かされています。

開拓《かいたく》せよ、最強の一本《いっぽん》釣《づ》り

カツオ漁師《りょうし》

明神学武《みょうじんまなぶ》

カツオ漁の町で知られる高知《こうち》県の黒潮《くろしお》町に
水《みず》揚《あ》げ日本一をなんども記録する、最強の漁船がある。
23人の船員を率《ひき》いるのは、豪快《ごうかい》な漁師《りょうし》と思いきや、
やさしくおっとりした性格《せいかく》の男。
ハイテク機材と頭脳《ずのう》で、だれも思いもつかない漁場を見つける。
スゴ腕《うで》の父との腕《うで》の差に悩《なや》みながら、自分だけのやり方を見つけた。
家族をふるさとにのこし、船員とともに300日。
一瞬《いっしゅん》の判断《はんだん》ミスが何千万円ものかせぎをのがす世界で、
今日は福島《ふくしま》、明日は八戸《はちのへ》、
男は人生をかけてカツオを追う。

＊カツオ船の漁労長

高知《こうち》県幡多《はた》郡黒潮《くろしお》町。太平洋《たいへいよう》に面したこの町で、ひとりの男の人が自宅《じたく》のこたつでミカンを片手《かたて》にテレビを見ています。

「ダメ人間なってしまうね。起きて、食べて、寝《ね》て、起きて、食べて、寝《ね》て」

寝《ね》グセのついた頭で妻《つま》に語りかけると、妻《つま》は台所から笑って言い返します。

「起こしても、起こしても、ちょっとまって〜言うてから、1、2時間ずっと寝《ね》たりするけん。かんにんぶくろの緒《お》が切れる」

それを聞いて、笑いながらもうひとふさミカンを食べるのは、明神学武《みょうじんまなぶ》さん。カツオ漁師《りょうし》です。間もなく300日におよぶ航海に出る明神《みょうじん》さんにとって、いまはつかの間の休息でした。

明神《みょうじん》さんたちがおこなうカツオの一本釣《いっぽんづ》り漁は、カツオの群《む》れを探《さが》して航海をくり返し、群《む》れを見つけると釣《つ》りざおをつかって1匹《ぴき》ずつ釣《つ》り上《あ》げる独特《どくとく》の漁法です。

ベテランであれば、2秒に1匹《ぴき》くらいのペースで次々《つぎつぎ》と釣《つ》り上《あ》げていきます。

何匹《ひき》ものカツオが高々《たかだか》と宙《ちゅう》を舞《ま》うようすは、まさに豪快《ごうかい》そのもの。400年以上の歴史がある伝統的《でんとうてき》な漁法で、現在《げんざい》でも高知《こうち》県の重要な産業です。


2014年2月1日。出航の日が来ました。港にはたくさんの人が見送りに来て、船に乗りこもうとする明神《みょうじん》さんに、さし入れやせん別を渡《わた》しています。

明神《みょうじん》さんは、漁船の最高責任者《せきにんしゃ》の「漁労長」。船員23名の命を預《あず》かり、カツオ漁を指揮《しき》します。2013年、過去《かこ》最高の水揚《みずあ》げ高《だか》で日本

日本一のカツオ漁船の出航に、多くの見送りが集まった。

一に輝《かがや》いた明神《みょうじん》さんは、町の英雄《えいゆう》なのです。

「マービー、釣《つ》ってきいよ」

子どもたちまで親しげにニックネームでよんで、明神《みょうじん》さんに声をかけます。明神《みょうじん》さんはうれしそうに、みんなに手をふりました。

その中には、妻《つま》のめぐみさんや息子たちもいます。町中みんなに親しまれる明神《みょうじん》さんを誇《ほこ》らしく思いながら、それでもどこか心配そうな顔をしていました。

カツオ漁は危険《きけん》ととなり合わせ。毎年、命を落とす人がでるのも事実なのです。

汽笛を上げて海へ出ていく船には、「第83佐賀明神丸《さがみょうじんまる》」の文字。めぐみさんはその船を大声で見送りました。

「いっぱい釣《つ》ってきいよー。学武《まなぶ》がんばれー!」

手をふってこたえる明神《みょうじん》さんが西日のかなたに見えなくなると、めぐみさんはそっと涙《なみだ》をふきました。

第83佐賀明神丸《さがみょうじんまる》は、やがて大海原にでました。漁船は夜を徹《てっ》して走ります。その

開拓《かいたく》せよ、最強の一本釣《いっぽんづ》り

明神学武《みょうじんまなぶ》

夜は月もなく、海は真っ暗。先の見えない中を、船は波を切って進んでいきます。

時刻《じこく》は深夜1時。

船員が寝静《ねしず》まる中、明神《みょうじん》さんはひとり船室で働いていました。どの海域《かいいき》で、どのようにしてカツオをとるか、戦略《せんりゃく》を練るためです。

カツオは、幅《はば》100キロの黒潮《くろしお》に乗って、太平洋《たいへいよう》を群《む》れで北上する魚です。でも、毎年のように泳ぐルートを変えるため、どこにあらわれるかはわかりません。どこにカツオの群《む》れがあらわれるかを見きわめ、そこへ船を向かわせるのが、漁労長のなによりだいじな仕事なのです。

明神《みょうじん》さんは、カツオの群《む》れの行動を読むその分析力《ぶんせきりょく》が、ズバぬけて高いと言われています。

その日も2時間かけて最新のデータを調べ、こう判断《はんだん》しました。

「ねらいは福島県沖《ふくしまけんおき》やね。500マイルくらい」

午前3時。福島県沖《ふくしまけんおき》800キロの地点についた船内に「ジリリリリー」と、ベルが鳴りひびきました。それを合図に、起きてきた23名の船員は臨戦態勢《りんせんたいせい》に入ります。

ハイテク機器に囲まれた、第83佐賀明神丸《さがみょうじんまる》の操縦室《そうじゅうしつ》。

明神《みょうじん》さんも、船の司令塔《しれいとう》となる操縦席《そうじゅうせき》へと移動《いどう》。

そこには、カツオの群《む》れをピンポイントで探《さが》すために、総額《そうがく》6000万円もかけたハイテク機器がありました。

音波を利用して、小さなプランクトンまで探知《たんち》する、高感度の「ソナー」とよばれる装置《そうち》です。25キロ先の海鳥をも、細かくとらえるレーダー。海水温を0コンマ1度きざみで映《うつ》しだす衛星画像《えいせいがぞう》。

それらをつかって、明神《みょうじん》さんはカツオの群《む》れがどこにあらわれるかを推理《すいり》するのです。

明神《みょうじん》さんには、漁にのぞむとき、強く

心にとめている信念がありました。

開拓者《かいたくしゃ》たれ

カツオ漁師《りょうし》たちは、その日どこでどれくらいの量のカツオがとれたか、たがいに教え合うのが習わしです。それはノートに記され、ライバルの船もみな情報《じょうほう》を共有していました。

その中で明神《みょうじん》さんは、ほかの船とはまったくちがう漁場を開拓《かいたく》し、みんなの度肝《どぎも》をぬいてきたのです。

「同じ場所に船がおりすぎたら、いすとりゲームやないけど、限《かぎ》られた群《む》れ数《かず》をこなしていかないかんきね。ほんじゃき、ぼくはあんまり船が多いところは避《さ》ける。どっかほかに、おるかもわからんやん」

人のいないところへ行けば、たくさん釣《つ》れるというわけです。

東の空に太陽がのぼってきました。水平線が真っ赤に染《そ》まっています。

船員が3人、船の舳先《へさき》で、8キロ先まで見渡《みわた》せる双眼鏡《そうがんきょう》をのぞきながら、カツオの群《む》れがつくる海面の泡立《あわだ》ちや渦《うず》を探《さが》しています。

衛星画像《えいせいがぞう》を見ていた明神《みょうじん》さんは、しきりに海水温を気にしはじめました。

「船はいま、水温24度の近くを通りゆうが。ねらいは、24度の近くの、23度から22度に下がる境目《さかいめ》」

海水温の境目《さかいめ》はプランクトンが発生しやすく、小魚が集まります。それを食べにカツオもやってくる可能性《かのうせい》が高いのです。

そして、ついに小魚を食べている海鳥の群《む》れを見つけました。明神《みょうじん》さんは、直前までここにカツオがいたとにらみました。

明神《みょうじん》さんは、船を大きく蛇行《だこう》させはじめました。潮《しお》の境目《さかいめ》をていねいに走り、カツオを探《さが》します。

そのとき、潮流計《ちょうりゅうけい》に変化があらわれました。海には、海水の流れ（潮《しお》）がいくつもありますが、少し前の時間よりその流れのスピードが下がっています。海水の流れが複雑《ふくざつ》にぶつかりあう中で、わずかに流れがゆるむ地点。カツオはこうした地点に一時的にたまるという、明神《みょうじん》さん独特《どくとく》の発想です。

「潮流《ちょうりゅう》が止まった」

明神《みょうじん》さんがそう口にしたとき、ソナーにカツオの群《む》れらしき反応《はんのう》が出ました。

「左舷《さげん》へ回った」

明神《みょうじん》さんが船員に指示《しじ》します。船の左側に、その反応《はんのう》が動いたと伝えたのです。

船員は、カツオのエサになるイワシを大量に海にまきはじめました。それは、あちこちの港で分けてもらった、とびきり極上のイワシです。これでカツオの群《む》れを引《ひ》き寄《よ》せるのです。

そのときです。

「わいたぞ！　わいた！　わいた！」

「上がってきた！　上がってきた！」

船員たちが興奮《こうふん》してさけびました。イワシにつられて、カツオの群《む》れが水面へとわいてきたのです。

ついに、特大のカツオの群《む》れがあらわれました。まるまると肥《こ》えた上物です。

船員たちは、すでに手に長いさおをもっていて、左舷《さげん》の釣台《つりだい》に上がると、それを

さおをふり上げ次々《つぎつぎ》と釣《つ》ったカツオを甲板台《かんぱんだい》に落とす、カツオの一本釣《いっぽんづ》り。

いっせいに海へ投げ入れました。

さおには「疑似餌《ぎじえ》」とよばれるにせもののエサがついています。カツオは、その疑似餌《ぎじえ》をイワシと思って食いつきます。その瞬間《しゅんかん》、さおを勢《いきお》いよくふり上げて、船の中にカツオをひき上げるのです。さおがしなり、カツオが自分の後ろへ回ると、船員は糸をゆるませます。するとカツオは自然と針《はり》から外れるのです。これが「一本釣《いっぽんづ》り」とよばれるカツオ漁の技《わざ》。

「いけ！　おるぞ！」

船からは、海へ向かって勢《いきお》いよく水がまかれ、しぶきのたつ海面は、まるでイワシの群《む》れが大騒《さわ》ぎをしているよう。それも、カツオをあざむくくふうです。

船員たちは、さおをしならせカツオを釣《つ》りまくります。さおをふり上げると、釣《つ》り上《あ》げられたカツオは身をよじりながら空を舞《ま》い、太陽の光を受けてキラキラと輝《かがや》きます。そして船員の頭の上にくると、糸のゆるみで自然と針《はり》からはずれ、船内の中央にある甲板台《かんぱんだい》に落ちるのです。

バーン！　バーン！

地ひびきのような大きな音をたてて、カツオが甲板台《かんぱんだい》に落ちていきます。大きなものでは1匹《ぴき》10キロにもなるカツオを、船員たちは2時間も釣《つ》り続《つづ》けることがあるのです。

この漁法は、カツオが警戒《けいかい》しはじめるまでが勝負です。

釣《つ》っているときは船員総出《そうで》で一気に釣《つ》り上《あ》げます。さおを入れればすぐに食いつき、まさに入れ食い状態《じょうたい》です。

「ハハハ、楽しいやろ」

明神《みょうじん》さんのねらいは、ずばり的中しました。

ほかの船がまったくいない海域《かいいき》で、18トンものカツオを釣《つ》り上《あ》げたのです。

「気持ちいい！　いい汗《あせ》かいた！」

船員も、うれしくてたまらないという笑顔でした。


夜がきました。月明かりが、海にひと筋《すじ》の道を照らしています。

明神《みょうじん》さんは自分の部屋にこもって、その日の漁をふりかえっていました。

なぜ、カツオがあの海域《かいいき》にあらわれたのか。水温や潮《しお》の流れなど、今日のデータをすべてあらい出し、納得《なっとく》するまで分析《ぶんせき》するのです。

「なんか理由があるがやない、やっぱり。水質《すいしつ》とか、海の色とか……」

そして、明神《みょうじん》さんはこう思っていました。

わからんき、おもしろいがよ

「小さいときに、機械がどんななっちゅうがやろって、分解《ぶんかい》したことあるやろ。それといっしょやないやろかね。この海、どんななっちゅうがやろっていう、好奇《こうき》心《しん》。わからないから、わかろうとする」

2か月に1度の休日も、船の中で次の戦略《せんりゃく》を練る明神《みょうじん》さん。

明神《みょうじん》さんはその晩《ばん》もおそくまでデータを見て、考え続けていました。

✳あんたは、あんたやけん

7月11日。高知《こうち》の港を出て5か月。明神《みょうじん》さんの船は、宮城《みやぎ》県の気仙沼《けせんぬま》に入港しました。

2か月に1度の休日です。船員たちは、みな陸へおりて街にくり出します。歯医者へ行く人、散髪《さんぱつ》に行く人、みな思い思いにすごします。

でも明神《みょうじん》さんは、ひとりで船にのこっていました。アイスを食べながら、次の漁の戦略《せんりゃく》を練っていたのです。

その読みで、日本一の水揚《みずあ》げを記録する明神《みょうじん》さん。でも、明神《みょうじん》さんならではのやり方が生みだされたかげには、苦しみぬいた、どん底の日々《ひび》があったのです。

＊＊＊

明神《みょうじん》さんの家は、一族そろってカツオ漁師《りょうし》。父の三郎《さぶろう》さんは、水揚《みずあ》げ日本一を6回もなしとげた名漁労長でした。明神《みょうじん》さんは、勉強が得意で地元の進学校に進んでいましたが、三郎《さぶろう》さんの強い説得もあり、漁師《りょうし》の道を選びます。明神《みょうじん》さん自身も船が大好きだったのです。

間もなく三郎《さぶろう》さんのもとで下積み生活をはじめた明神《みょうじん》さん。しかし、明神《みょうじん》さんには、ほかの船員とはちがう宿命がありました。それは、将来《しょうらい》漁船を率《ひき》いるリーダーになること。明神《みょうじん》家には代々《だいだい》漁労長を継《つ》ぐ習わしがあり、明神《みょうじん》さんもいずれは父の船を継《つ》ぐことになっていたのです。

結婚《けっこん》して間もない30歳《さい》のとき、明神《みょうじん》さんはついに三郎《さぶろう》さんから告げられました。

「漁労長をおまえにゆずる」

三郎《さぶろう》さんの船には腕利《うでき》きの漁師《りょうし》がそろっていたので、明神《みょうじん》さんには、なんとかやれるという自信がありました。

ところが、補佐役《ほさやく》の父と次はどこで漁をするかと話をするたび、判断《はんだん》の甘《あま》さを指《し》摘《てき》されたのです。

「その程度《ていど》の読みでみんなを食わせられるか！」

「20人の船員が乗っちょったら、20人だけやない。家族があるき。100人の生活が、お前の肩《かた》にかかっちょるき。肝《きも》にめいじろ」

努力も覚悟《かくご》も足りないと、しかられ続けたのです。

それでも明神《みょうじん》さんは、3年目に独《ひと》り立《だ》ちしました。しかしすぐに、明神《みょうじん》さんは、リーダーとして致命的《ちめいてき》な欠点を見せました。

カツオ漁は、ほかの船との争奪戦《そうだつせん》です。同じ漁場でカツオをうばい合い、たくさん釣《つ》ったほうが勝ち。ところが明神《みょうじん》さんは人一倍おっとりした性格《せいかく》で、ほかの船にカツオをさらわれ続けたのです。

船には最高の漁師《りょうし》がそろっているのに、とれるカツオの量がのびません。

ある日、明神《みょうじん》さんは船員に言われました。

「おまんは、漁労長らしくないの」

父の三郎《さぶろう》さんは豪快《ごうかい》な人柄《ひとがら》で、船員をぐいぐいひっぱっていた人です。明神《みょうじん》さんは、そんな父とまるでちがう自分が情《なさ》けなくてたまりませんでした。

悩《なや》む明神《みょうじん》さんに、妻《つま》のめぐみさんは楽しい話をたくさんして笑わせました。そして、こう言ったのです。

「落ちこんでたら、負のオーラが船全体をおおうけん。いつも笑って楽しいことを考えとったら、カツオもよってくるけん。元気出して」

それでも漁の結果は金額《きんがく》に出ます。その年の水揚《みずあ》げ高《だか》は、前年からなんと1億円以上も下がったのです。それは船員の給料にそのままはねかえり、ひとりの年間の給料を、100万円以上もへらしてしまったのです。

すると、父の代からのベテラン船員たちが、次々《つぎつぎ》とほかの船に移《うつ》っていきました。

カツオ漁師《りょうし》の世界には、きびしいルールがあります。ほかにもっとかせげる船があ

船員をぐいぐいひっぱるタイプの父（右）と船に乗る明神《みょうじん》さん（左）。

るなら、自由に船を移《うつ》ることができるのです。

「釣《つ》らないかん。釣《つ》らないかん……」

漁師《りょうし》たちがほかの船に行かないよう、とにかく釣《つ》らなくちゃダメだ。釣《つ》ってお金にしなければいけないと、明神《みょうじん》さんはずっと思い続けていました。

日本一だった船から腕《うで》のいい漁師《りょうし》たちがぬけていったといううわさは、妻《つま》のめぐみさんの耳にも入りました。家では何も言わない夫に、めぐみさんはくり返しある言葉をかけました。

「あんたは、あんたやけん。まわりの人がなんて言おうと、わたしら家族は最後まで味方やけん。応援《おうえん》しよるけん。やけん自分が思う通りやったらいい」

明神《みょうじん》さんは、そのことばを胸《むね》に、翌年《よくとし》、自分だけのやり方をつきつめようと決めました。

それは、苦手とする争奪戦《そうだつせん》をさけ、ほかのだれも目を向けない海域《かいいき》を開拓《かいたく》することでした。そのために、睡眠《すいみん》時間をけずって、潮《しお》の流れや海水温などだれにも負けないだけの情報《じょうほう》を集め、徹底的《てっていてき》にデータを分析《ぶんせき》しました。

でも、カツオの群《む》れは見つかりません。読みがはずれるたびにひとり負け。1日50万円の燃料代《ねんりょうだい》がむだに消えていきました。

明神《みょうじん》さんは、のしかかる重圧《じゅうあつ》の中、それでも考えました。

「なぜだめだったのか……」

そしてまた情報《じょうほう》を分析《ぶんせき》し、別の海域《かいいき》を探《さが》しました。

それをくり返していたある日のこと。明神《みょうじん》さんは、カツオの大群《たいぐん》を発見したのです。その海域《かいいき》には、ほかの船は一隻《いっせき》もいません。

明神《みょうじん》さんはみごとにその群《む》れを独占《どくせん》し、すさまじい大漁をなしとげました。

そのとき明神《みょうじん》さんは、昔から船に乗っている船員がこうつぶやくのを聞きました。

「あいつ、案外やるかもしれん」

ほっとした明神《みょうじん》さんに、強烈《きょうれつ》なうれしさがこみ上げました。

「釣《つ》れた。やっぱ釣《つ》れた！」

この年、明神《みょうじん》さんは、全国2位の水揚《みずあ》げを記録したのです。

周囲に流されず、自分の信じた道を行く。その信念は、このときゆるぎないものとなりました。

いま、明神《みょうじん》さんの船に乗る船員は、こう言っています。

「ぼくらもあちこち船乗ったけど、あんなおだやかな船頭はおらんぞ。なんでも集中してまじめながよ」

「船頭いうたら、あれしろーっておこるのが船頭タイプやけど、ここの船頭はぜんぜんそんなことない。やさしいわな」

明神《みょうじん》さんは、自分の性格《せいかく》に向いた自分だけの漁のしかたを見つけ、父に負けない漁労長になったのです。

✴8月の大勝負

２０１４年８月１日、明神丸《みょうじんまる》は、宮城県気仙沼沖《みやぎけせんぬまおき》４５０キロにいました。

明神《みょうじん》さんはその年、カツオ漁に異変《いへん》を感じていました。見つかる群《む》れは、なぜか小さなものばかり。しかも、エサに食いつかないのです。ニュースでも、カツオの水揚《みずあ》げが平年の10分の1だと、報《ほう》じられていました。

明神《みょうじん》さんの船の水揚《みずあ》げも、７月までの合計で４億２０００万円。去年の２０１３年の同じ時期より４５００万円少なくなっています。

でも、これからがチャンスです。ここからお盆《ぼん》までの３週間、カツオ漁の最盛期《さいせいき》が続きます。不漁なので、その年はカツオの値段《ねだん》がはね上がる可能性《かのうせい》もあり、一番のかせぎどきになります。

「３週間やろ。１週間に１３００万ずつ揚《あ》げたら、３９００万や」

明神《みょうじん》さんは、３週間で一挙に４０００万円を手にし、水揚《みずあ》げ量《りょう》のトップに立つことを目標に定めました。

ところが、いきなりアクシデントに見まわれました。

「いかんわ。3番の水槽《すいそう》で、イワシが死んだ」

船員の声に、明神《みょうじん》さんはおどろいて、操縦席《そうじゅうせき》からかけつけます。

猛暑《もうしょ》の影響《えいきょう》で、水槽《すいそう》に入れていたカツオのエサのイワシが大量に死んだのです。

まだほかの水槽《すいそう》にイワシはのこっていましたが、3週間の漁を考えるとぎりぎりの数です。のこりのエサで短期決戦に挑《いど》むしかありません。

ところが、見つかったカツオの群《む》れは、またも小さいものでした。

「だめやねー。びっくりするぐらい小群《こむ》れで、びっくりするぐらい食わん。ダメだ、こりゃ」

明神《みょうじん》さんは漁場を変えましたが、そこにはすでにほかの船がいました。それも、巻《ま》き網《あみ》漁船です。網《あみ》で魚をとらえて、一度に150トンも魚を揚《あ》げる船でした。そんな漁のあとでは、大漁は期待できません。

最初の1週間は、目標をはるかに下回る370万円の水揚《みずあ》げでした。

レーダーをじっと見つめ、カツオの群《む》れのようすを見守る明神《みょうじん》さん。

2週目。明神丸《みょうじんまる》は、青森《あおもり》県八戸沖《はちのへおき》700キロを航海していました。そこで明神《みょうじん》さんは、ソナーに巨大《きょだい》なカツオの群《む》れをとらえました。

久《ひさ》しぶりの大群《たいぐん》ですが、なぜかまったくエサに食いつきません。

「いかんねぇ。おなかいっぱいながやない。作戦Bや」

明神《みょうじん》さんは、持久戦《じきゅうせん》に切りかえました。この群《む》れをこのまま追跡《ついせき》し、カツオがおなかをへらすのをまつというのです。

昼食も弁当《べんとう》で済《す》ませ、明神《みょうじん》さんはレーダーからかたときも目を離《はな》しません。そうして群《む》れを追いはじめ、14時間がたったときです。

「わいたぞ！　わいたぞ！」

ついにカツオが、まいたイワシに食いついたのです。

「釣《つ》れ、釣《つ》れ、釣《つ》れよ！」

船員たちは2時間さおをふり続け、16トンもカツオを釣《つ》り上《あ》げました。大漁です。

「明神《みょうじん》の粘《ねば》り勝ち、粘《ねば》り勝ち」

船員もうれしそうに、明神《みょうじん》さんをほめました。

ところが、そのカツオを切ってみると、脂《あぶら》がのりすぎています。脂《あぶら》がのりすぎるカツオは高く売れません。いったいどれだけの値《ね》がつくか、明神《みょうじん》さんは心配しながら、港に船をつけました。

港では魚を切り、身の具合を見てカツオの値《ね》がつけられます。明神《みょうじん》さんは1キロ500円を期待していましたが、結果は、半分の250円まで買いたたかれてしまいました。

2週目を終えて、水揚《みずあ》げ高《だか》はトータル1370万円。

目標金額《きんがく》の4000万円を大きく割《わ》りこんだまま。のこりはあと1週間になってしまいました。

漁労長の明神《みょうじん》さんは、漁のすべての責任《せきにん》を背負《せお》います。かせぎが低ければ、船員はほかの船に乗りかえてしまうかもしれません。来年も同じ仲間でいられるか、それは今年のかせぎにかかっているのです。

船員たちは言います。

「水揚《みずあ》げが一番ということは、給料も一番ということやけん。みんな、家族のために一生懸命《いっしょうけんめい》働きゆうがやき」

そして、明神《みょうじん》さんを信じています。

「なんだかんだいって、最後に当てるでしょう？　安心はしてる」

自分に期待してくれている23人の船員と、その家族の生活をかけて、明神《みょうじん》さんは最後の大勝負にのぞもうとしていました。

8月6日夜。大型の台風が日本に接近《せっきん》していました。それをさけるため、多くの船が青森《あおもり》県の八戸沖《はちのへおき》に集まっています。明神《みょうじん》さんは、水温図を見ながら言いました。

「ほかの船はみんな、だいたいこのへんで釣《つ》りよった」

船の多くは、今日のカツオが釣《つ》れた地点に、明日も群《む》れがあらわれると読んでいます。

でも明神《みょうじん》さんは、潮《しお》と水温のデータをにらみ続け、意外な漁場にねらいを定めました。それは、今日釣《つ》れた位置から、250キロも南東の海域《かいいき》でした。

今日カツオがいたのはふたつの潮《しお》の境目《さかいめ》。でも明日は、この潮《しお》の境目《さかいめ》が南東へ動くので、それにあわせてカツオも移動《いどう》すると読んだのです。

「潮《しお》が止まるところが、あるはずながやけどね」

読みが当たればひとり勝ちです。でもはずせば、ひとり負けになりかねません。

明神《みょうじん》さんは自分に言い聞かせていました。

こわがるな、ドキドキして行け

「ええときも悪いときもあるがやけど、ドキドキしながら行くほうが、ええ群《む》れがきそうやろ?」

こわいと感じたら、ドキドキして楽しもう。明神《みょうじん》さんは、自分をそう勇気づけたのです。

夜が明けました。勝負の一日のはじまりです。

午前6時。明神《みょうじん》さんの船は、ねらった海域《かいいき》、八戸沖《はちのへおき》1000キロに到着《とうちゃく》していました。はげしい雨が海面を打ち続けています。

本当に、カツオの群《む》れはあらわれるのか。海鳥レーダーやソナーは、カツオの群《む》れに反応《はんのう》しません。

それから6時間。ずっと双眼鏡《そうがんきょう》を見続けている船員には、目のまわりにくっきりとあとがついています。つかれたようすで海面に目を向けていたそのとき、ソナーを見続けていた明神《みょうじん》さんがつぶやきました。

「上がりゆうで」

明神《みょうじん》さんの読みどおり、本当に群《む》れがあらわれたのです。それは大群《たいぐん》でした。船の先頭にいた船員は必死にイワシをまき、気づいた船員たちが大声を上げました。

「わいた！　わいた！　わいたぞ！」

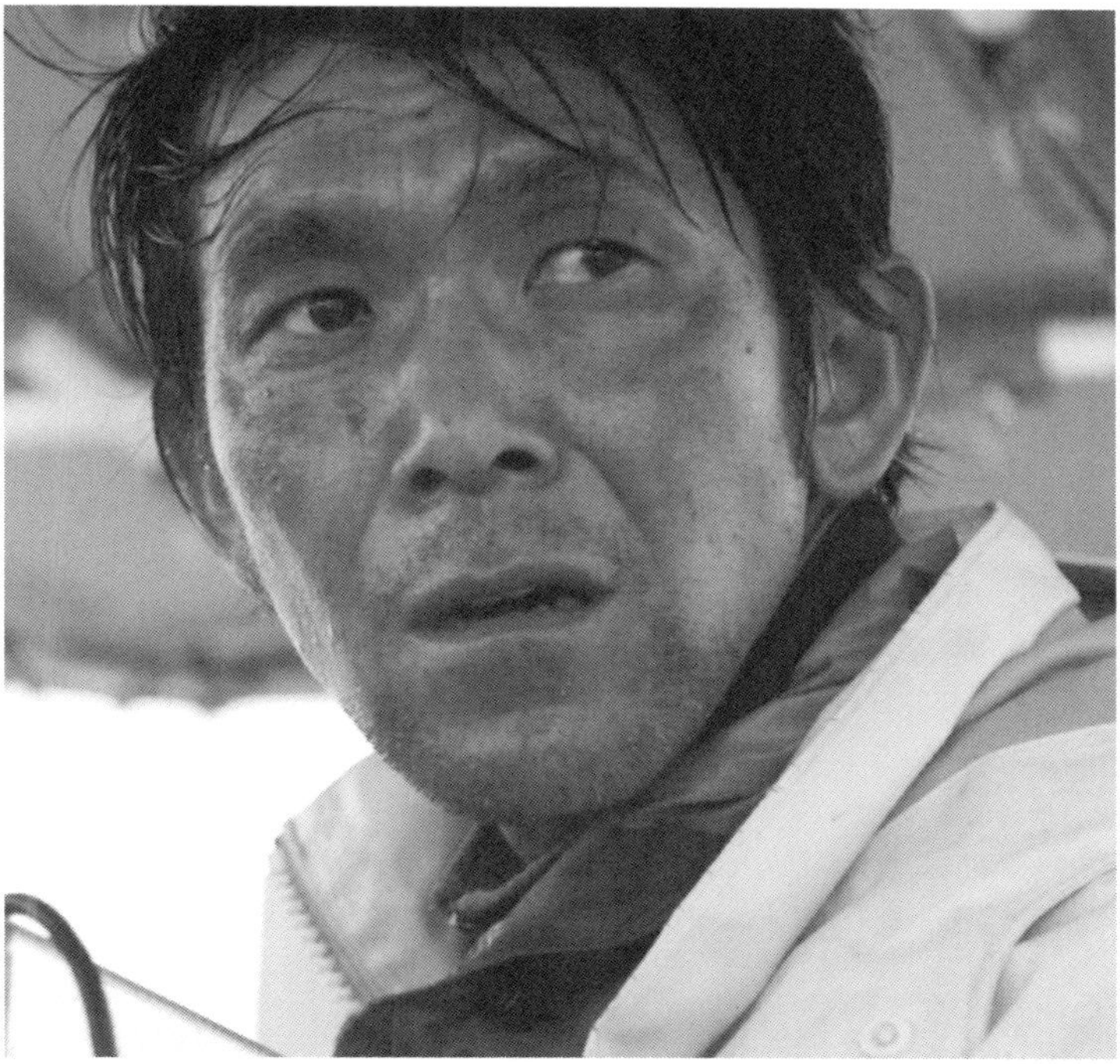

こわがるな、ドキドキして行け。そのほうが楽しめる。

船員たちは船の中を走り、左舷《さげん》の釣台《つりだい》に上がるやいなや、さおをふりはじめました。明神《みょうじん》さんも操縦席《そうじゅうせき》から飛びだし、さおをもってその列に加わります。

「表行く！　表に群《む》れが、かたまってるから！」

明神《みょうじん》さんが立ち上がってさけびます。

こうして明神《みょうじん》さんたちは、50分で9トンのカツオを釣《つ》り上《あ》げました。

操縦席《そうじゅうせき》にもどった明神《みょうじん》さんは、ほかの群《む》れも、この群《む》れと同じように南下してくると読みました。

午後2時すぎ、

「来たよ！　来たよ！」

イワシをまく船員が大声でさけびました。

またもや明神《みょうじん》さんの読みは的中したのです。だれもいない海域《かいいき》で、さらに15トンを釣《つ》り上《あ》げました。

そのとき、ほかの船から巨大《きょだい》な群《む》れを発見したという無線が入りました。

目標達成のために、ここはあえて争奪戦《そうだつせん》に挑《いど》もう。そう決めた明神《みょうじん》さんは、目の前の群《む》れを捨《す》てて、現場《げんば》に船を急行させせました。

午後4時40分。ついた海域《かいいき》には、群《む》れを見つけたほかの船がいます。こちらとの距離《きょり》はわずか１００メートル。明神《みょうじん》さんたちも、巨大《きょだい》な群《む》れにさおをふりはじめました。

「もっとやれ！　もっとやれ！　もっとやれー！」

漁を終えたのは夕方6時半。この日釣《つ》ったカツオは、合計31トンにもなりました。年に一度あるかないかの大漁です。

「まあまあ。結果オーライやろ。結果オーライ」

明神《みょうじん》さんは、そう言いながらも、満足はしていませんでした。ほかの船と競った群《む》れがいいと思ったけれど、２つ目の群《む》れを捨《す》てずにあのままあそこにいたら、40トンくらいになっていただろうと反省していたのです。

２日後。気仙沼港《けせんぬまこう》に、明神《みょうじん》さんたちが釣《つ》ったカツオが水揚《みずあ》げされました。ついた値段《ねだん》は２６００万円。最後の１週間を終えて、トータルは３９９９万円。

目標金額《きんがく》をほぼ達成。この時点で水揚《みずあ》げは日本一。それでも明神《みょうじん》さんは、「あれが失敗したな〜」と言い続けていました

1週間のお盆休《ぼんやす》み。第83佐賀明神丸《さがみょうじんまる》は、一時解散《かいさん》となりました。船を下りた明神《みょうじん》さんは、バスに乗って空港へ。半年ぶりに高知《こうち》へ帰り、空港にはめぐみさんと子どもたちがまっていました。

これからまたしばらくは、「起きて、食べて、寝《ね》て」の生活です。でも、そんなのんびりした休日をすごしながらも、明神《みょうじん》さんは次の航海へと思いをめぐらせています。

カツオとの闘《たたか》いは11月末まで。大自然を相手にした命がけの知恵《ちえ》くらべは、まだまだ続くのです。

※第83佐賀明神丸《さがみょうじんまる》は、その後、2013年から2017年まで、5年連続日本一の水揚《みずあ》げ高《だか》を記録しました。

プロフェッショナルとは

その仕事が好きで好きでたまらない
人やないが。それだけのめりこめるやろ。
中《ちゅう》途《と》半《はん》端《ぱ》に好きな人にあんまり
プロフェッショナルな人はおらんと
思うけどね。

第244回2014年11月10日放送

こんなところがプロフェッショナル！

漁獲高《ぎょかくだか》日本一の第83佐賀《さが》明神丸《みょうじんまる》の漁労長、明神学武《みょうじんまなぶ》さん。
こんなところがすごいよ！

自分のやり方で船員たちをひっぱる

カツオ漁は、ほかの船との争奪《そうだつ》戦《せん》。命がけで勝負する船員たちをとりまとめる漁労長は、大声で豪快《ごうかい》に船員たちをひっぱります。でも、明神《みょうじん》さんはいつもやさしくおだやか。ほかの人にはまねできない頭脳戦《ずのうせん》で、なんども水揚《みずあ》げ日本一の実績《じっせき》をのこし、船員たちをひっぱっているのです。
。

家にいるときはお参りを欠かさない

明神《みょうじん》さんが自宅《じたく》にいるのは1年のうち2か月。そのあいだは、毎日複数《ふくすう》のお寺や神社にお参りに行くそうです。次の航海の安全と大漁を祈《いの》ります。

夜になっても仕事は終わらない

大漁だった日の夜、船員たちがゆっくり休んでいても、明神《みょうじん》さんの仕事は終わりません。どうしてあの海域《かいいき》にカツオの群《む》れがいたのか、自室にこもってデータをあらい出し、納得《なっとく》するまで分析《ぶんせき》を続けます。

なぜダメだったかを考える

最初は分析《ぶんせき》したデータでカツオの群《む》れを予測《よそく》しても、読みがはずれてひとり負けだった明神《みょうじん》さん。でも明神《みょうじん》さんはあきらめず、なぜダメだったのかを考え、データを分析《ぶんせき》し続けました。

プロフェッショナルの格《かく》言《げん》

天才カツオ漁師《りょうし》の明神学武《みょうじんまなぶ》さんのことばを心にきざもう。

わからんき、おもしろがよ

どんなに海のデータを分析《ぶんせき》しても、わからないことだらけだと語る明神《みょうじん》さん。子どもの頃《ころ》、機械の中がどうなっているかわからず分解《ぶんかい》したのと同じ。わからないから、わかろうとするのがおもしろいと言います。

すきなことやき、つかれんね

船が港に停泊《ていはく》し、船員が陸でつかの間の休みをとっていても、明神《みょうじん》さんは船にのこってデータ分析《ぶんせき》。休まなくても、好きなことだから、それだけ集中できるから、つかれないそうです。

こわがるな、ドキドキして行け

船員の命や給料などが、明神《みょうじん》さんの判断《はんだん》ひとつにかかっています。そんな重圧《じゅうあつ》の中で結果をだし続けるために、つねに自分に言い聞かせているのがこのことば。自分が納得《なっとく》するまで徹底的《てっていてき》に準備《じゅんび》をした上でのことばです。

NHK
プロフェッショナル
仕事の流儀

■執　筆　金田妙
■編集協力　株式会社 NHK出版
■デザイン・レイアウト　有限会社チャダル
■イラスト　門司美恵子
■協　力　NPO法人 森は海の恋人、明神水産株式会社
■写真協力　NPO法人 森は海の恋人
■校　正　田川多美恵
■編　集　株式会社アルバ
■カバーイラスト　usi

NHK プロフェッショナル 仕事の流儀 6
食をささえるプロフェッショナル

発　行　2018年4月　第1刷

編　者　NHK「プロフェッショナル」制作班

発行者　長谷川 均
編　集　崎山貴弘
発行所　株式会社ポプラ社
〒160-8565　東京都新宿区大京町 22-1
振　替：00140-3-149271
電　話：03-3357-2212（営業）
03-3357-2635（編集）

ホームページ　www.poplar.co.jp
印刷・製本　中央精版印刷株式会社

N.D.C.916/191P/20cm　ISBN 978-4-591-15762-6
Printed in Japan

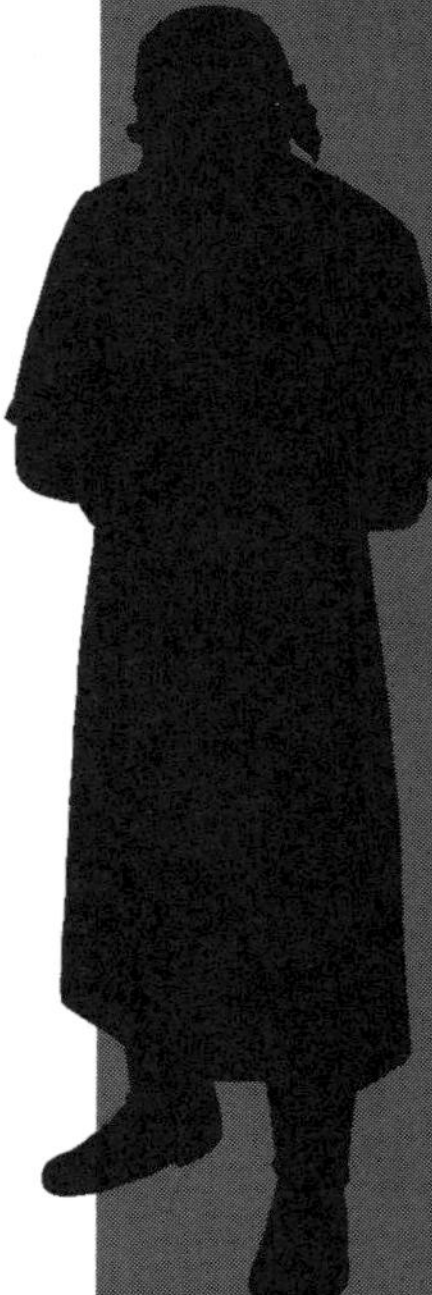